創業者利益の確保&
会社の持続的な成長を両立

成長戦略型
段階的M&A

株式会社 fundbook
代表取締役CEO
畑野幸治 HATANO KOJI

幻冬舎 MC

「創業者利益の確保」&「会社の持続的な成長」を両立

成長戦略型 段階的M&A

はじめに

販売網や顧客基盤の拡大、グローバル展開、事業の多角化、また、優秀な人材の確保と定着など、創業経営者が会社を成長させていくうえで不可欠な要素はたくさんあります。そんななか、現在自社にある人・モノ・カネのリソースだけで、それを実現していくことは難しいというのも、多くの中小・中堅企業の実状でしょう。すると視野に入ってくるのが、不足するリソースを補いながら事業成長を目指すためのM＆AやIPO（株式公開）です。

M＆Aというと、後継者不在の企業、あるいは経営不振企業が取り得る方法と捉えられることがあります。これらのM＆Aにおけるそれぞれの目的を狭義に捉え「事業承継M＆A」「救済型M＆A」と呼んでいます。

しかし、実際のM＆A市場では、十分な利益を上げている優良企業が自社の弱みを補完し、強みをより活かすことでさらなる成長を目指すために、水平的あるいは垂直的に結びついてプレゼンスを高めていく「成長戦略型M＆A」の意味をもつM＆Aが、かなり大きな割合を占めています。「事業の成長に前向きだからこそ、戦略的にM＆Aを選ぶ」という経営者が増えているのです。

また、IPOについては、企業がより高い成長ステージに到達するための重要なステップとして、従前より、高い志をもつ起業家の多くが目指すところです。

創業者やその関係者だけが株式を保有し、経営も担っている「プライベートカンパニー」だった会社が、IPOを経て、経営内容をオープンにしながら不特定多数の株主に出資を求め、経済社会の一員として永続していく「パブリックカンパニー」へと変化します。そして、パブリックカンパニーであるがゆえに、多額の出資を集めることができ、成長のための経営資源として充当することが可能になるのです。

また、IPOの際には厳しい上場審査をクリアすることが必要ですが、その審査制度が、パブリックカンパニーたる内実を備えていることを担保しています。そのため、上場企業となることは、企業の社会的な信用力を高め、社員の士気高揚はもちろん、人材採用、あるいは取引先開拓などさまざまな面において成長の可能性を広げてくれます。

以上のように、M&AとIPOのどちらも、遠い将来まで自社を持続的に成長させようと考える経営者にとって、有力な選択肢となり得ます。しかしその反面、どちらの選択肢にもメリットだけではなく、デメリットがあることも事実です。デメリットというより、向き不向きというべきかもしれません。

例えば、M&Aにおいては、契約内容にもよりますが、経営の主導権を売却相手に完全にもたれ、相手方に合わせる形での組織統合が行われた場合、それまで築いてきた自社の企業文化が棄損される恐れもあります。それが良い方向に働く場合もあるでしょうが、競争優位性を損なう方向に働いてしまうこともあり得ます。

また、ＩＰＯにおいては、パブリックカンパニーとなることで、経営者には不特定多数の株主に対する経営責任や説明責任が生じ、ともすれば短期的に成果が求められるようになります。経営者にとっては、チャレンジングであると同時に、大きなプレッシャーが掛かることは間違いありません。なかには、そういうプレッシャーを掛けられることに向かない経営者の方もいるでしょう。

ほかにも、Ｍ＆ＡとＩＰＯ、それぞれの特徴やメリットは、さまざまな視点から論じることができます。それらについては本書の中で詳細に見ていきますが、私がここで提案をしたいのは、Ｍ＆ＡとＩＰＯのどちらかに振り切るのではなく、段階的に両者を実現していくことで、どちらのメリットも享受するという考え方です。

それは、私たちが「成長戦略型段階的Ｍ＆Ａ」と呼んでいる手法です。

まず一段階目として、創業者が保有する株式の全部ではなく、大部分を売却することで、経営への関与を残しながらＭ＆Ａのメリットを得ます。そのうえで二段階目として将来のＩＰＯによって、さらに大きな成長の可能性を追求します。これが「成長戦略型段階的Ｍ＆Ａ」の最も基本的な形です（実際にはさまざまなバリエーションがあります）。

ＩＰＯを目指す成長戦略型段階的Ｍ＆Ａの場合、一段階目の売却先をプライベート・エクイティ・ファンド（ＰＥファンド）とすることによって、ＩＰＯ成功の確実性を高める点も重要なポイントです。投資対象となる会社の価値を向上させて、購入時よりも高値にして出口を目指すことが、そもそもＰＥファンドの本来業務であるためです。

また、ＰＥファンドではなく、事業会社への売却を介しての成長戦略型段階的Ｍ＆Ａもあり得ます。

いずれにしても、譲受企業が経営に参画すること（ハンズオン）により事業価値が高められ、将来の成長の確実性が増すことは、役員や社員にとっても有益なことです。さらに、一段階目のＭ＆Ａにおいて、ストックオプションの発行などで役員や従業員への経済的なインセンティブを設計し、ＩＰＯへ向けた全社的な意志を確実にしていくことも可能です。

このように、成長戦略型段階的Ｍ＆Ａは、創業経営者にとっても、役員や従業員にとっても、そしてＭ＆Ａの買い手となるＰＥファンドや事業会社にとっても、すべての関係者にメリットをもたらす手法です。とりわけ、短期間にさまざまな事業を展開して成長させていくことを望む「連続起業家」（シリアルアントレプレナー）タイプの経営者にとっては、成長戦略型段階的Ｍ＆Ａはベストに近い方法だと確信しています。

この確信は、私自身の経験をベースにしています。

私の連続起業家としての人生は、２００７年大学在学中に手掛けたインターネット広告事業によって始まりました。２０１１年にはネット型リユース事業「スピード買取.jp（現・バイセル）」を起ち上げ、２０１５年に「スピード買取.jp」をバイセルに事業譲渡するとともに２０１６年、株式会社BuySell Technologies代表取締役ＣＥＯに就任。そして２０１７年、BuySell Technologiesの新事業としてＭ＆Ａ仲介事業を起ち上げます。ネット型リユース事業はそれなりの成功を収めましたが、一方で私は、Ｍ＆Ａ仲介事業の将来に無限の可能性を感じたため、同事業をBuySell Technologiesからスピンアウトさせて株式会社ｆｕｎｄｂｏｏｋを創業、代表取締役に就任しました。さらに、BuySell Technologiesの全株式をミダスキャピタルに譲渡し、そこで得た資金を活用しながら、ｆｕｎｄｂｏｏｋの事業を拡大していきます。以降、ｆｕｎｄｂｏｏｋを成長させていくかたわら、２０１９年東証ＪＡＳＤＡＱグロース市場に上場していた株式会社Success Holdersの株式の72・56％をＴＯＢ（株式公開買付）により取得し、現在は同社の取締役会長を務めています。

シリアルアントレプレナー（連続起業家）という言葉は、最近になってようやく日本でも耳にするようになりましたが、私自身の十数年の歩みは、Ｍ＆Ａによるイグジットを交えながら、かなりの速度で連続起業を成功させてきた典型例のひとつだといっても過言ではないでしょう。実際、ｆｕｎｄｂｏｏｋでは、設立から2年8カ月で年商35・6億円、営業利益8・2億円（２０２０年3月期決算）を計上し、Ｍ＆Ａ仲介の業界では異例の急成長を実現し、今なお成長を続けています。

現在のＭ＆Ａ市場は活況を呈しており、独立系の仲介会社が急増していますが、そのなかに、自らＭ＆Ａによる成功体験をもつ人物は、少ないように思います。その意味では、私の経験はＭ＆Ａ仲介業者のなかでも希有なものであり、同様の成功を目指す経営者の皆さまにとって必ずお役に立てる部分があると自負しております。そして、そのエッセンスをお伝えするために執筆したのが本書なのです。

本書が、大きな成功に向けて不断の努力を続けられる経営者の皆さまに、少しでも資するところがあるとするのなら、著者としてこれに勝る喜びはありません。

CONTENTS

第2章

創業者利益を得ながら経営に参画し、会社を成長させる「成長戦略型段階的M&A」

第3章

M&Aプレイヤーとして存在感を増している「PEファンド」――成長戦略型段階的M&AでPEファンドが果たす役割

第4章 成長戦略型段階的M&Aを確実に成功させるための必須知識

M&Aの実行プロセス

第5章 事例で見る「成長戦略型段階的M&A」

M&Aを成功させた3社の事例を紹介

第6章 「創業者利益の確保」&「会社の持続的な成長」を両立

パートナー選びがM&Aの成否をわける

第1章

事業の拡大&多角化、グローバル展開、社員のモチベーションアップ

次の成長ステージにいかにして進むか

持続的成長こそ企業が求めるべき唯一の道

経営者が目指すべき目標を一言で言い表すとしたら？

この問いに対する唯一絶対の正解は存在しないかもしれません。100人の経営者がいれば、各々が100通りの想い、つまり経営理念（ミッション）を持って経営に取り組んでいるからです。

しかし、おそらくどのような経営理念にも含まれているだろうと思われる共通要素はあります。それは「事業や会社の成長」です。事業を縮小させ、顧客を減らしていくことを目指す経営理念というのは、およそ考えられません。どんな会社の経営理念にも、自分たちの事業を成長させていくこと、つまり顧客を増やし製品やサービスをより多く広めていくという内容は、表現には違いこそあれ、必ず含まれているはずです。

さらに、経営戦略が経営理念から演繹されるものであるとすれば、経営戦略レベルにおいても、いかにして事業を成長させるのかという内容、手段や達成目標が必ず含まれているはずです。それは同時に、経営のトップである経営者においても、事業の成長を自らの仕事に不可欠の目標要素として認識していることを意味します。

もっとも、何をもってして「事業や会社が成長している状態」だと捉えるのかは、企業あるいは経営者ごとに異なるかもしれません。

売上高、利益、販売数量、生産量、店舗数、社員数、新製品・サービス開発数など、事業の成長を測る指標はいくつも考えられ、そのどこに重きをおくのかが事業内容や経営者の考えにより異なっていることは当然です。しかし、なんらかの指標において、昨年度よりは本年度、本年度よりは来年度と、成長を目指すことは、すべての経営者の意識にあってしかるべきです。

こう断言すると、「いや、うちの会社は現状維持で、今いる社員たちが食べていければそれで十分だ。これ以上大きくしなくてもいいと思っているよ」と、反論が出るかもしれません。

しかし、その現状維持ですら成長を目指してようやく達成できることであり、もし成長を目指す経営戦略を取らなければ、現状維持もおぼつかなく、その会社は衰退・縮小の道を歩んでいくことになるのが通例です。それは、経営環境や市場環境が日々変化しているためです。

会社は成長をしなければ衰退するしかない

例えば、老舗の名店と呼ばれるような飲食店でも、その多くは時代に応じて少しずつ料理の味を変えているといわれます。人間の感覚や好みは時代の変化、つまり環境の変化によって変わっていきますし、また「飽き」という要素もあります。そのため、昔の味をそっくりそのまま残し伝えていくだけでは、長期的には顧客が離れていき、経営を維持していくことすらできなくなってしまうのです。老舗だからこそ、それをよく理解しており、時代にあわせて味を成

図表1-1　事業のライフサイクル

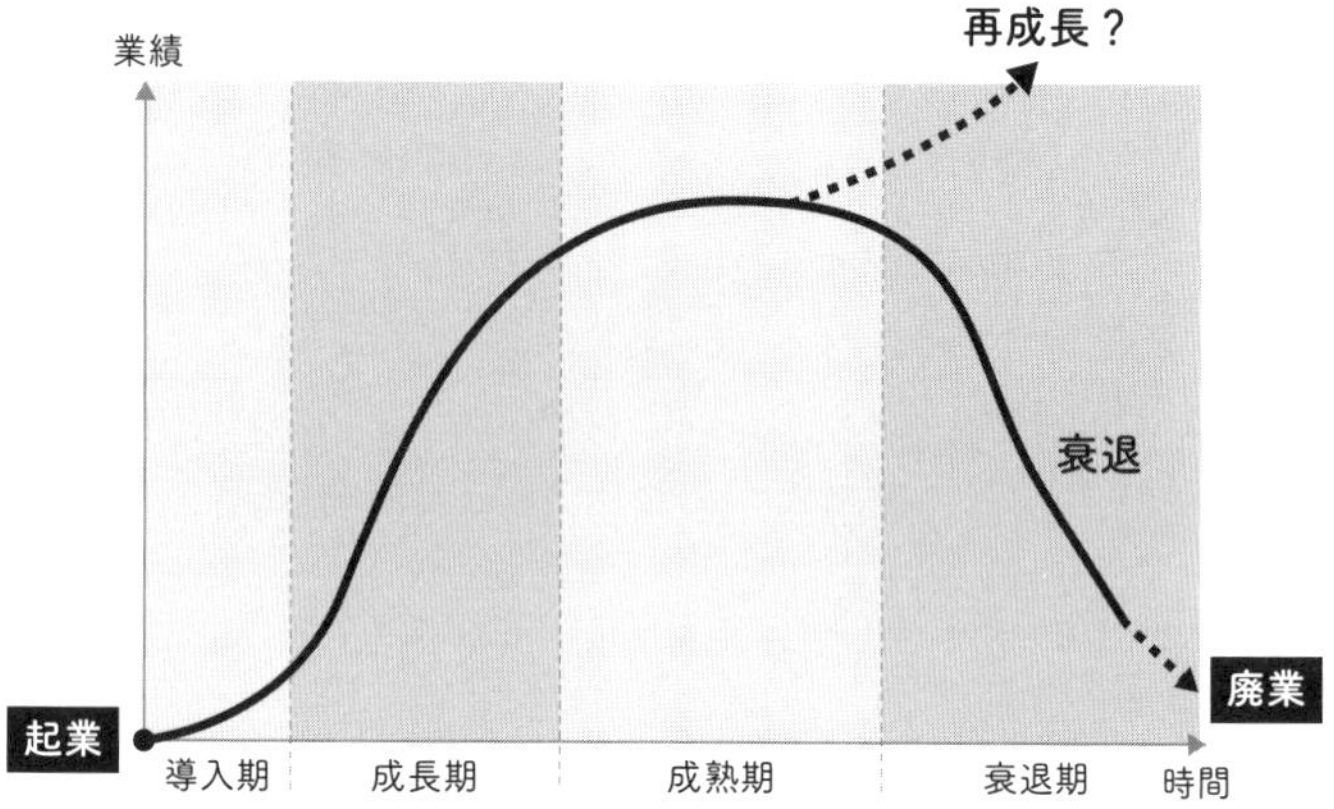

長させている店が多いのです。逆にいうと、そうやって時代に応じて味を変化させ、成長させてきたからこそ、長く生き残って老舗になることができたのだとも考えられます。これを一般化した考え方が、事業の「ライフサイクル」です。

人間の生と同様、どんな製品やサービスにもライフサイクルと呼ばれる大きな変動の波があります。通常、事業のライフサイクルは導入期（起業期）から始まり、右肩上がりの成長期を経て、成長率が緩やかになる成熟期に至り、やがてマイナス成長の衰退期に入り、いずれは終焉のときを迎えます。これは、製品ごとや事業ごとに見てもそうですし、ある製品や事業カテゴリーの市場全体で見ても同様です。もし企業が単一事業しか営んでいないのであれば、事業のライフサイク

図表1-2　アンゾフによる「成長マトリクス」

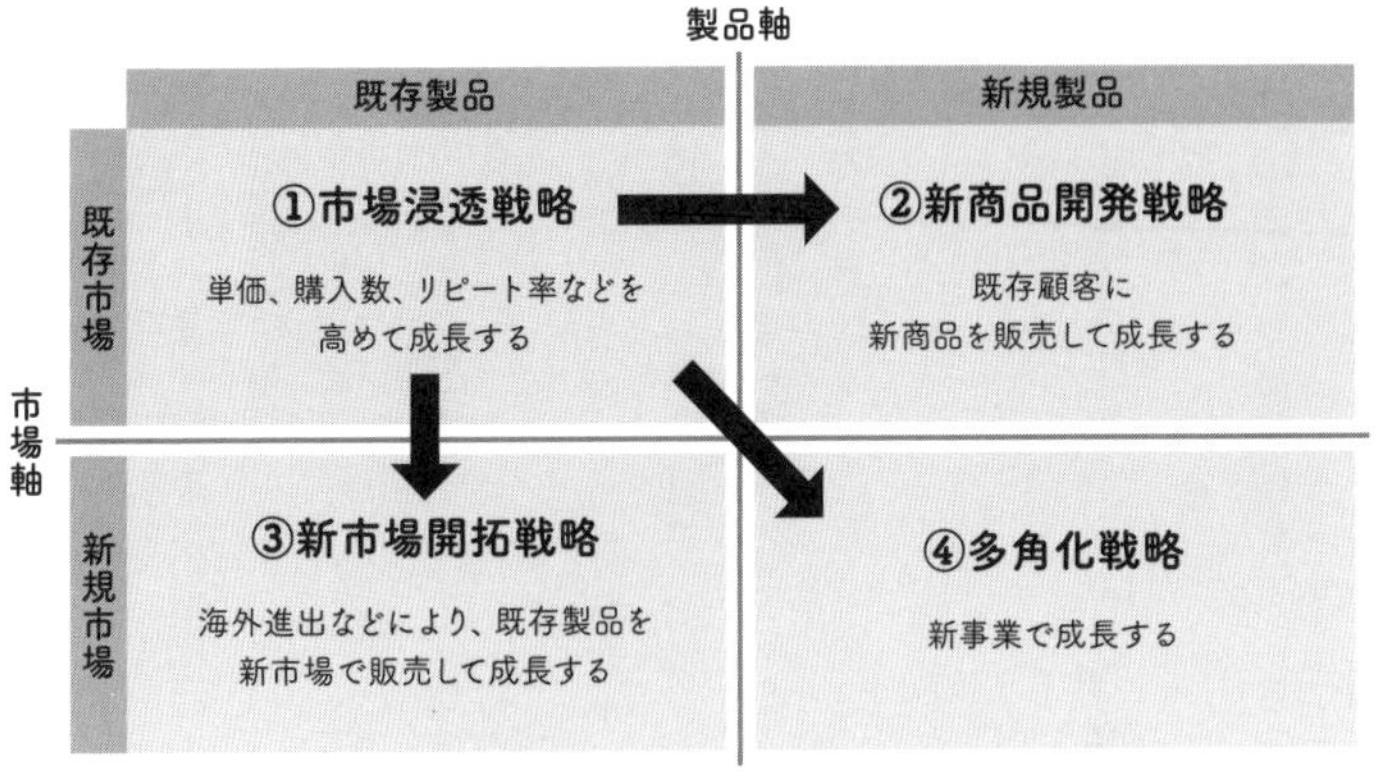
製品軸
既存製品
新規製品
既存市場
新規市場
市場軸
①市場浸透戦略
単価、購入数、リピート率などを
高めて成長する
②新商品開発戦略
既存顧客に
新商品を販売して成長する
③新市場開拓戦略
海外進出などにより、既存製品を
新市場で販売して成長する
④多角化戦略
新事業で成長する

市場浸透戦略による限界に達した企業（事業）は、
②～④の戦略により再成長を図らなければならない。

ル＝企業のライフサイクルとなります。

ここで注目したいのは成熟期です。急勾配の右肩上がりの成長期を経て成熟期に入ると、だんだんと成長の勾配が緩やかになり、やがてどこかの時点で下降に転じます。そのとき、製品の改良、新型製品の投入、新たな市場の開拓などの成長戦略を実施したとします。それが奏功すれば、再びその事業を成長軌道に乗せられる可能性があります。例えば、有名な経営学者アンゾフによる「成長マトリクス」は、そのことを示したフレームワークです。

反面、成熟期に達した事業において何も手を打たなかったり、実施した施策が効果を発揮しなかったりした場合には、その事業は衰退期に入り、どんどん規模が縮小していき、やがては廃止せざるを得なくなります。

もし単一事業の企業であれば、それは企業自体の廃業を意味します。

そうならないためには、まず、事業のライフサイクル段階に応じた再成長のための戦略を実施する必要があります。老舗料理店の例なら、味やサービスを改良していくということや、新メニューの開発が該当します。また、会社全体で考えるなら、既存製品の性能改良やラインナップの充実化はもちろん、同時に新たな事業の「芽」を次々と育成していくことも必要です。

こうして、個々の事業のライフサイクルを伸ばすと同時に、新規事業を立ち上げ、会社全体としての成長を続けていくのです。それを示した古典的なフレームワークに、これまた有名な、BCG（ボストン・コンサルティング・グループ）による「プロダクト・ポートフォリオ・マネジメント（PPM）」があります。

アンゾフの成長マトリクスにしろ、BCGのPPMにしろ、それが示唆する結論は同じだと考えられます。それは「企業はいつでも成長／再成長を目指して、さまざまな戦略を打ち新規事業を開拓していくべきであり、そうしない企業は衰退し早晩消滅するしかない」という事実です。

いわば、事業の成長は企業の〝目的〟であると同時に、企業を生存させる〝手段〟でもあるといえるのです。

それを別の面からも確認していきます。

上場企業の企業統治におけるガイドラインとして、東京証券取引所が掲げている「コーポ

図表1-3　PPM

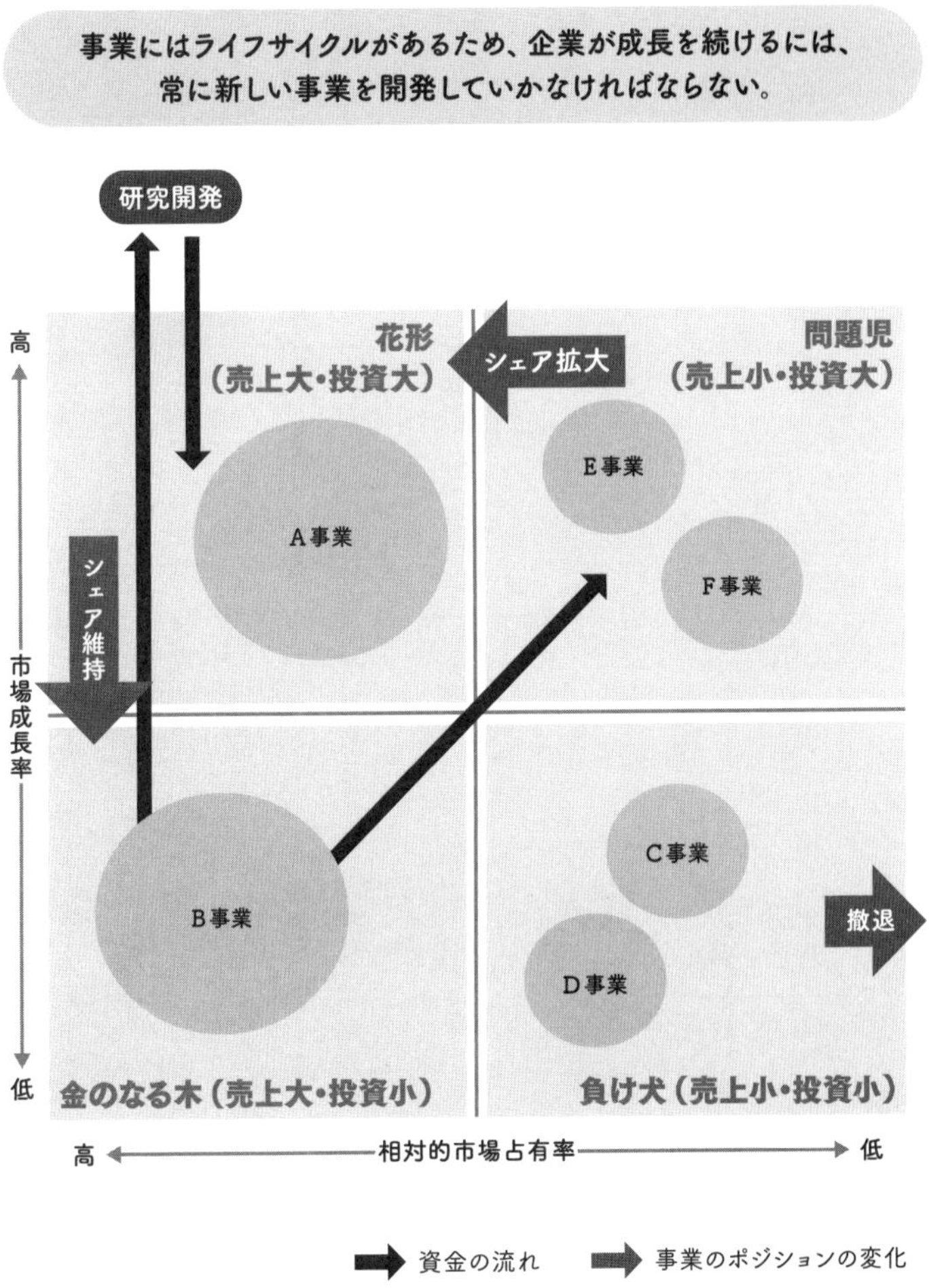
事業にはライフサイクルがあるため、企業が成長を続けるには、
常に新しい事業を開発していかなければならない。
研究開発
花形
（売上大・投資大）
シェア拡大
問題児
（売上小・投資大）
A事業
E事業
F事業
シェア維持
市場成長率
高
低
B事業
C事業
D事業
撤退
金のなる木（売上大・投資小）
負け犬（売上小・投資小）
高
相対的市場占有率
低
資金の流れ
事業のポジションの変化

レートガバナンス・コード」は、副題に「会社の持続的な成長と中長期的な企業価値の向上のために」とあり、それが企業統治において目指すべき目標であることが明記されています。また、機関投資家の投資先企業への行動規範として金融庁が作成した「スチュワードシップ・コード」においても、「投資と対話を通じて企業の持続的成長を促すために」と記され、やはり企業の持続的成長が重要である旨が強調されています。

このように、企業は持続的に成長を目指していくべき存在であることは、広くわが国の（他の先進諸国でも同様です）経済社会一般において共有された価値観なのです。

持続的成長とは、持続的に壁を乗り越えていくこと

持続的な成長を目指すことが企業の本質であり、また、それを実施することが経営者の役割である点については、おそらく大半の経営者の方に同意なさっていただけることだと思います。実際、私が知る限り、ほとんどの経営者は、会社の成長のために骨身を惜しまず日々奮闘なさっています。

しかし、持続的な成長を目指していても、それを長い期間にわたって実現し続けられる経営者は極めて少ないのが現実です。

なぜなら、企業経営においては、成長を阻害する「壁」にぶつかるときが必ず来るからで

す。小さな壁もあれば大きな壁もあるでしょう。小さな壁であれば多少の努力で乗り越えられるかもしれません。大きな壁であれば、一時的に停滞しながら、時間を掛けて乗り越えなければならないかもしれません。さらに高く大きな壁だと、自社の力だけではそれを乗り越えることはできなくなるかもしれません。

これまでと同じ体制、同じやり方では乗り越えられない高い壁にぶつかったとき、ドラスティックに経営を変化させ、その壁を乗り越えて、高次のステージに登っていくための手段、それがM&Aであり I P Oであり、またそれらを組み合わせた「成長戦略型段階的M&A」なのです。その意味を本書でこれから説明していくわけですが、その前に、M&AやI P Oによって乗り越えなければならない成長の壁には、どんなものがあるのかを確認しておきます。

よく経営コンサルタントの方などが、「売上高◯億円の壁」とか「社員◯人の壁」などと表現することがあります。これは、わかりやすさを優先してそう表現しているのでしょうが、業種業態によってもその基準値は大きく異なるので、一概にはいえないだろうと私は考えます。

それよりも、経営の内部あるいは外部で生じる以下のような7つの要素が、成長の壁となると考えたほうが現実的でしょう。読者の経営者の方にも、1つや2つは思い当たるところが必ずあるはずです。

企業の成長を阻害する7つの壁

①経営者自身の壁

中小・中堅企業の事業成果は、経営者の資質や能力によるところが大きいことが一般的です。そのため、カリスマ経営者として希有な能力を発揮し、強力な指導力で会社を導いてきたような経営者であればあるほど、その人の限界がすなわち会社の限界になってしまうのです。

この壁は、2つの側面から考えることができます。

1つ目は、適切に管理できる範囲という点です。

企業活動は、調達、生産、流通、販売、人事、会計といった機能が連結したバリューチェーンとして構成されます。企業規模が小さく各機能の活動も小さい時期であれば、経営者がその全体に目配りして適切に管理することは容易です。

しかし、経営者にも、営業が得意なタイプ、設計や製造が得意なタイプ、財務や会計が得意なタイプなど、バリューチェーンの各機能に対する得意不得意、あるいは向き不向きがあります。

そのため、企業の規模がある程度以上になり、各機能の内実や機能同士の連結が複雑化すると、経営者がそれらの全体を把握しながら適正にコントロールしていくことが難しくなります。言い換えると、経営者が不得意とする機能があれば、その部分が成長の壁になるということです。

また、２つ目の側面として、成長段階に対する適性があります。一般的に、ベンチャー企業（スタートアップ企業）の成長段階は、シード、アーリー、ミドル、レイターなどと区分されます。そして、その各段階において、経営者に求められる資質や適性も変わってきます。

ごく簡単にいっても、シード段階では、新規ビジネスプランを考えたり試作のプロダクトを製作したりする能力、アーリー段階では、新しい市場を創造して新しい価値を広めたり、コアとなる人材に協力を求める能力、ミドル段階では、より効率的に市場を拡大したり、成長のための資金を集め管理する能力、レイター段階では、ビジネスにフィットした組織を作り、組織立ったビジネスを管理・遂行していく能力などです。

こうやって簡単に並べただけでも、それぞれの段階で求められる能力のベクトルは、大きく異なっていることがわかるでしょう。

そのため、シード段階やアーリー段階では非凡なセンスや才能を発揮する経営者が、レイター段階での組織管理はまったく不得意だったり、あまり興味が持てなかったりすることがあり得ます。

すると、ある段階から次の段階へと成長していく際に、経営者自身が壁となってしまうということになるのです。

②人材採用の壁

経営者自身の適性や能力の壁があったとしても、それを補える能力のある優秀な経営幹部やマネージャークラスのスタッフを適宜雇い入れ、自律的に動いていける組織を構築できれば、その壁は解決できる可能性が高いでしょう。

しかし、中小・中堅企業で、経営者の「右腕」として活躍してくれるような優秀な経営幹部を雇うことは、かなり難しいのが現実です。そもそも、そんな人材は転職市場に現れること自体がまれであり、また現れたとしても、破格の厚遇が可能な大企業間での移動となることが多いためです。

さらに、経営幹部より下のマネージャークラスや現場のスタッフにしても、知名度のある上場企業と比べれば、中小・中堅企業では優秀な人材の確保が難しいことは否めません。

これらの人材の不足が、成長の壁になっていると感じられている経営者は多いのではないでしょうか。

③ガバナンス・内部統制の壁

創業から間もないころ、例えば社員が数人から10人程度の規模のときには、全社員が「仲間感覚」であり、なにかと〝なあなあ〟で会社を運営することも可能でしょう。友人が創業メンバーで役員にもなっているような場合、上下関係を設けず、対等に近い立場で経営に当たることもよくあります。しかし、人員が増え、組織が大きくなるにつれ、そのような感覚での組織運営がさまざまなトラブルを引き起こす元凶になります。

例えば、中小・中堅企業では就業規則を設けていない、あるいは設けていたとしても死文化しており、社員が労働法規に反した働き方をしていることも、現実的にはよく見掛けます。労働法規だけではなく、下請法や消費者保護法（総称）など各種の法規に触れる実態が存在することもあります。

一方、昨今、ＳＤＧｓやＥＳＧなどの意識が社会全体で高まっており、大企業においても自社内だけではなく、サプライチェーン全体での遵法性や環境配慮などが求められるようになっています。そのため、これまでコーポレート・ガバナンスや内部統制、コンプライアンスといった面での意識が低かった企業は、きちんとした対応、社内整備を進めなければ、それが成長の壁になる可能性が高まっています。

④市場の成長またはビジネスモデルの壁

４つ目は、ビジネスモデルそのものに起因する壁です。

例えば、かつて写真といえばフィルムカメラで撮影するものでした。しかし、デジタルカメラの登場により、フィルムカメラの市場もカメラ用フィルムの市場も衰退期に入り、現在では一部の特殊な用途を除いてほぼ市場が消滅しました。さらに、今度は、デジタルカメラ市場も、スマホの普及とスマホカメラの高性能化を背景に市場規模が年々縮小する衰退期に入っています。このような市場全体の停滞あるいは衰退は、その市場でビジネスを展開している個々の企業にとって当然ながら大きな成長の壁となります。今までと同じビジネスモデルを展開していても成長は不可能になるのです。実際、ニコンやキヤノンといったカメラの名門企業でも、カメラ事業部が苦境に陥っています。

その一方で、かつて国内最大のフィルムメーカーだった富士フイルムは、主要事業をバイオやヘルスケアとするなど、これまで培ってきた技術を基にビジネスモデルを転換することで、フィルムカメラ市場の衰退後も、持続的な成長を実現しています。

市場の衰退という壁も、そのライフサイクルを的確に捉えて、技術の応用やビジネスモデルを変化させて対応できれば、乗り越えて持続的な成長が実現できるというわけです。もしそれができなければ、それまでのビジネスモデルそのものが成長の壁となってしまいます。

⑤国内市場や取引先の壁

例えば、国内市場だけで長くビジネスをしてきた企業が、国内市場の成長停滞に直面し、グローバル市場に打って出ようと考えたとき、それに適した人材がいない、あるいは販路開拓ができないといった壁にぶつかることはよくあります。もちろん、現地代理店などと関係を築き、少しずつ進出をしていくことになるわけですが、時間が掛かるうえに、国内とはまったく異なる市場環境やビジネス慣行のもとで成功をつかむ難易度は低くありません。

また、ＢtoＢのビジネスにおいては、新興企業が三井、三菱、住友、安田など、旧財閥を中心とした大企業と取引することは難しい場合があります。そもそも、取引口座を開いてもらうだけでも苦労することが多く、これも壁となり得ます。

近年ではだいぶ崩壊していますが、それでも、旧財閥系の大手企業には、系列内での「自前主義」という慣行が長く続いており、米国などと異なり、ベンチャーや新興企業を対等なビジネスパートナーとしてではなく「下」に見るような気風も、残念ながらまだ強く残っているようです。

⑥外部環境激変の壁

６つ目の壁は、「ショック」あるいは「クラッシュ」などと呼ばれる外部環境の激変です。古くは１９９０年からのバブル崩壊、２００８年からのリーマン・ショック、そして本書を執筆中の時点でもまだ終息が見えないコロナ・ショックなど、数年から十数年に一度は、予想もつかなかった社会・経済の激変に見舞われることがあります。

こういったショックの際には、それまで何の問題もなく通用していたビジネスモデルが一気に通用しなくなってしまうことがあり、これはいうまでもなく大きな壁です。

また、社会全体ではなく、特定の業界だけに降りかかるショックもあります。例えば、

２０００年代初頭にＢＳＥ（いわゆる狂牛病）騒ぎが起こった際には、牛丼チェーンが数年間にわたって主力商品である牛丼を販売できなくなる、焼肉店が数多く倒産するなど、牛肉関連業界には大きな壁が立ち塞がりました。

⑦ファイナンスの壁

最後、７つ目の壁はファイナンスの壁です。例えば、一般消費者相手の小売店舗をチェーン展開しているようなビジネスの場合、短期間で新規出店数を増やすことが、大きな成長につながります。しかしその場合に、裏付けとなる資金の手当てなど、財務面のコントロールが壁になることがあります。

公的融資や民間銀行からのプロパー融資などによるファイナンスは金額に限界があります。また、仮に多額のプロパー融資を受けることができたとしても、通常は経営者の個人保証を付けなければなりません。経営者個人が数億、場合によっては数十億円の融資の保証を重ねることは、精神的に大きな負担となり、その決断には慎重にならざるを得ません。ＶＣ（ベンチャーキャピタル）やエンジェルによる出資などもあり得ますが、これには資本政策的な観点から、熟慮が必要です。

こういったファイナンス面の制限や、そのファイナンス上の課題に対応できる優秀な財務担当者がいないことも壁となります。

このように、経営には大小さまざまな成長の壁があり、壁にぶつからない経営者はいません。壁にぶつかったとき、それが今までのやり方や体制で乗り越えられるものであればよいでしょう。しかし問題は、現在の体制のままでは壁を乗り越えて成長を続けることが難しいと感じたときです。そのとき、経営者は経営の根本部分をこれまでと大きく変える決断をしなければなりません。それは、ビジネスモデルかもしれませんし組織構造かもしれません。あるいは、もし経営者自身が壁となっていると感じるのなら、経営者を変えるというのも、会社の成長を考えた場合には、選択肢の一つになります。

そして、そういったドラスティックな経営変革の手段となるのが、ＩＰＯやＭ＆Ａなのです。

創業経営者は、経営者であると同時に創業者＝株主＝投資家でもある

ＩＰＯやＭ＆Ａの説明に入る前にもう1点確認しておきたいことがあります。それは、創業経営者には、「経営者」と「創業者」という2つの異なる側面があるという点です。

創業経営者（同族企業の2代目、3代目経営者でも同じです）は、経営を司る「経営者」であると同時に、事業に投資をしている「事業投資家」という側面を併せ持っています。同じことを会社法上で規定されている定義でいうなら、経営を執務する「取締役」であると同時に、会社を支配する「株主」でもあるということです。

ここまでは、会社の持続的な成長という論点について、主に「経営者」という側面からどう考えるべきかを論じてきました。

ここからは、少し視点を変えて、「事業投資家」あるいは「株主」という側面から考えてみましょう。なお、以後、創業経営者の「事業投資家あるいは株主」という側面に特に強く焦点を当てるときには、「経営者」と区別するために「創業者」と記載することにします。

会計上の「ゴーイング・コンサーン」の考え方に見られるように、会社は永続的に活動を続けることが前提です。実際上も、売上が立ち、キャッシュフローが回っている限り、事業活動をやめなければならないことにはなりません。

しかし、創業者の生命は有限です。そのため、創業者の人生のどこかの時点で、否応なく創業者と会社との関係との「区切り」を考えなければなりません。この区切りのことを、「広い意味でのイグジット（Ｅｘｉｔ＝出口）」と呼ぶことにします。

一般的には、広い意味でのイグジットには、次の４つの方法があるといわれます。

①ＩＰＯ（株式公開）

会社が株式市場に上場することです。

②Ｍ＆Ａ（株式譲渡、事業譲渡など）

会社の経営支配権を他の企業などに譲ることです。

③親族などへの事業承継

子などに経営支配権を譲ることです（M＆A以外の一般的な事業承継）。

④廃業・清算

これは説明不要でしょう。

このうち、①ＩＰＯと②M＆Aを指して、狭義での「イグジット」と呼ばれます。

イグジットは、一般的な語としては「出口」と訳されますが、狭義での投資関連の用語としては、投資対象の売却などにより投資資金を回収すること、すなわち「投資回収」を意味します。自ら資金を出資して株主として会社を興した創業者にとっては、会社または事業そのものが、一種の投資対象であると考えることもできます。そのため、ＩＰＯやM＆Aについて、「創業者の保有株式の売却による投資回収＝創業者利益の獲得」という点だけに焦点を当てたとき、それが「イグジット」と呼ばれるのです。

なお、ＩＰＯを「イグジット」と呼ぶことは、本来はおかしなことです。なぜならＩＰＯは、あくまで会社を成長させるための資金を調達することが本義であり、経営者はその資金を武器として、むしろそれまで以上に深く経営にコミットすべきだからです。

しかし一方で、会社はＩＰＯによって、創業者が支配するプライベートカンパニーから、広く不特定多数の株主が支配するパブリックカンパニーへと変わり、支配（株主）と経営（取締役）との関係は、未上場の時代とは根本的に変化します。

また、ＩＰＯをきっかけにして、創業者の売出により保有株式の一部を売却し、残りの保有資産（株式評価額）が、大きく増大することも事実です。会社の質的な変化や、創業者の資産増大などから、ＩＰＯもイグジットと呼ばれるようになったのでしょう。

一方、③事業承継や④廃業・清算も、会社の支配・経営をやめることですから出口には違いありません。そのため広義ではイグジットと呼んでも間違いではないでしょうが、投資回収という意味あいが薄くなるため、通常はイグジットと呼ばれることはあまりありません。

ちなみに、役員や従業員が株式を買い取ることで事業を承継する場合（ＭＢＯ：Management Buy-Out、またはＥＢＯ：Employee Buy-Out）は、②と③の中間のようなものなので、創業者から見た場合、イグジットと呼んでも間違いではありません。

成長の壁を乗り越えさせてくれるＩＰＯのメリット

ＩＰＯは、英語の「Initial Public Offering」の略です。日本語では一般的に「新規株式公開」と訳されます。Initialは「新規の」「最初の」という意味であり、「Public Offering」は「公に販売すること」を意味します。

また、「上場」は、東京証券取引所をはじめとした証券取引所の審査を経て、株式市場において株が売買できる企業として登録されることです。厳密にいえば「ＩＰＯ」と新規「上場」とは異なる概念ですが、一般的にはＩＰＯ＝上場と捉えられており、日本取引所グループのＷｅｂサイトでも、「他の取引所に上場していない会社が上場することを、『ＩＰＯ（新規株式公開）』や『直接上場』といいます」と定義されているので、本書でも特に必要がない限り、ＩＰＯと上場を同一の概念として扱います。

会社がＩＰＯをする意義やメリットは、東京証券取引所が発行している『２０２０～２０２１　新規上場ガイドブック（マザーズ編）』において、次のように簡潔にまとめられています。

「(1) 資金調達の円滑化・多様化

上場会社は、取引所市場における高い流動性を背景に発行市場において公募による時価発行増資、新株予約権・新株予約権付社債の発行等、直接金融の道が開かれ、資金調達能力が増大することにより財務体質の改善・充実を図ることができます。

(2) 企業の社会的信用力と知名度の向上

上場会社になることによって社会的に認知され、また将来性のある企業というステイタスが得られ、取引先・金融機関等の信用力が高くなります。また、株式市況欄をはじめとする新聞報道等の機会が増えることにより、会社の知名度が向上するとともに、優秀な人材を獲得しやすくなることが期待できます。

（３）社内管理体制の充実と従業員の士気の向上

企業情報の開示を行うこととなり、投資者をはじめとした第三者のチェックを受けることから、個人的な経営から脱却し、組織的な企業運営が構築され、会社の内部管理体制の充実が図られます。また、パブリックカンパニーとなることにより、役員・従業員のモチベーションが向上することも期待できます。」

ここで、先に述べた「企業の成長を阻害する７つの壁」の多くが、上場によって乗り越えられる可能性があることに気づきます。詳しく見ていきましょう。

最も重要な意義は、やはり資金調達面です。ＩＰＯ時に会社は「公開価格×公募株式数」の資金を株式市場から直接調達できます。上場している間も時価発行増資などが可能であり、さらに上場によって信用力が向上するため融資面でも有利になり、「ファイナンスの壁」を乗り越えることが可能になります。

次に、企業の社会的信用力と知名度の向上も大きなメリットです。日本には約３６０万の企業があるとされています（２０１６年、中小企業庁調べ）。その中で上場している企業は約

3800社です。上場企業は全企業のわずか0・1％しか存在しない〝超エリート企業〟なのです。また、証券取引所への新規上場に際しては、企業の業績、財務、事業内容、ガバナンスなどについて、厳しい審査があります。上場できたということは、その審査にパスしたということなので、それ自体が企業の信頼性を担保してくれます。さらに上場企業については、新聞などでもその動向が随時報道されるので、知名度も大きく向上します。

この信用力と知名度の向上は、「人材採用の壁」を乗り越えるために、大いに貢献してくれるでしょう。いわゆる一流大学と呼ばれる大学では、今でも就職活動の際に「上場企業であること」を就職先の条件と考える学生が少なくありません。本人は気にしないといっても、親がそれを許さないということもよくあります（「親ブロック」という言葉さえあります）。上場がその壁をクリアしてくれるのです。

新規採用面だけではなく既存社員の士気高揚という面でも、上場は意義があるでしょう。実際、「自分のためではなく、社員に報いるために上場をしたい」と考える経営者は少なくありません。上場会社で働いているというステータス面だけではなく、ＩＰＯ前にストックオプションなどの設計をしておけば、経済的な報酬やインセンティブを与えることも可能です。

また、旧財閥系企業をはじめとした上場企業、大企業との取引においても、信用力向上は有利に働き「国内市場や取引先の壁」を乗り越えさせてくれます。さらに、より深いコミットでの業務提携などもしやすくなるため、それが「市場の成長またはビジネスモデルの壁」や「外部環境激変の壁」を乗り越えることにも資するようになります。

最後に、社内の管理体制、経営管理能力が向上することもメリットです。上場審査をクリアするためには、内部統制、ガバナンスが厳格に実施されていなければなりません。その過程で、社長の能力に頼った属人的な経営管理から、組織的な経営管理へと、運営体制の変更が行われます。また、上場後はパブリックカンパニーとして、多くの株主のチェックの目にさらされることから、適正な経営管理やコンプライアンスが維持されます。こういった組織的管理体制構築、管理能力強化が「経営者自身の壁」や、「ガバナンス・内部統制の壁」を乗り越えさせてくれることになります。

創業者にとってのＩＰＯのメリット

次に、創業者（株主）の立場から見た際の、ＩＰＯの意義を確認しましょう。それは端的にいえば、創業者が保有している株式価値の上昇による資産の増大ということになるでしょう。

①保有株式の価値上昇による資産増大

上場後、創業者が保有する株式は「株価×保有株式数」の資産として評価されることになります。公開後の株価がいくらになるのかは、市場からの評価や市況にもよるので、一概にはいえません。ただし、一般的には、ＩＰＯにより会社の信用力とともに株式の流動性（換金性）が高まるため、ＩＰＯ前よりもはるかに株価が高くなるのが普通です。初値やその後の株価が高騰すれば、創業者の保有資産の評価額は数百億円あるいはそれ以上まで膨らむこともあり得ます。そして、株式市場で株価が上昇を続ける限り、その資産評価額は増え続けるのです。これが「ＩＰＯで一攫千金」という世間的なイメージにつながっています。

②株式の流動性の獲得

非上場企業の株式は、Ｍ＆Ａや資本提携など経営支配権に変化をもたらすことが目的で売買されるケースはありますが、換金目的で売買することは通常できません。流動性がほぼゼロなのです。

よく、非上場の中小企業オーナーが事業承継や相続を前にして、自社株評価高騰の問題が取り沙汰され、いかに株の価値を引き下げるかという対策に関心を持ちます。これも、非上場企業の株式が、売却して換金できないにもかかわらず、相続税が掛かる資産となるため、なるべく価値を下げることで相続税課税額を引き下げたいというニーズが生じるためです。

一方、上場をすれば、創業者は保有株を（一定の制限はありますが）株式市場で売却したり、市場外で機関投資家に売却することも可能になります。

また、ＩＰＯ時の市場公開前には、主に株主数を増やすことを目的として、創業者の株式の

図表1-4　最近のIPO企業の規模比較

上段：最大値 **中段：中央値** 下段：最小値	売上高	経常利益	純資産の額	初値時価総額	IPO時の ファイナンス規模 （注1、2）
東証一部	3兆5,470億円 **618億円** 85億円	6,013億円 **48億円** 8億円	7,223億円 **207億円** 26億円	7兆36億円 **613億円** 254億円	2兆6,461億円 **249億円** 28億円
東証二部	1,087億円 **155億円** 58億円	28億円 **12億円** 3億円	173億円 **49億円** 15億円	264億円 **116億円** 33億円	159億円 **18億円** 8億円
マザーズ	622億円 **22億円** 2億円	61億円 **2億円** ▲31億円	310億円 **5億円** ▲1億円	6,767億円 **120億円** 25億円	1,307億円 **13億円** 1億円
JASDAQ スタンダード	136億円 **47億円** 10億円	13億円 **3億円** 1億円	39億円 **9億円** 2億円	469億円 **58億円** 16億円	35億円 **8億円** 4億円
TOKYO PRO Market	212億円 **16億円** 1億円	3億円 **1億円** ▲0億円	63億円 **2億円** 0億円	64億円 **7億円** 1億円	9億円 — 3億円

注1：IPO時のファイナンス規模＝公募＋売出し(OA含む)
注2：集計対象期間中のTOKYO PRO Marketのファイナンス事例は2例のため中央値は記載していない
注3：1億円未満四捨五入
注4：IFRS(国際会計基準)採用企業については、「売上高」＝「売上収益」、「経常利益」＝「税引前利益」、「純資産の額」＝「資本合計」を記載
（出所：日本取引所グループWebサイト）

一定数を売却することが一般的です。

なお、その他のメリットとして、上場企業の経営者・創業者という社会的な名声の獲得や個人信用力の向上という点も挙げられます。

参考までに最近のＩＰＯ企業における資金調達額（公募＋売出）のデータを掲載しておきます。

２０１７年から２０１９年までにＩＰＯをした企業のデータですが、最も上場審査の基準が低く新興企業の登竜門となっているマザーズ市場の場合、調達額の最大は、１３０７億円、最小は１億円、中央値（平均値ではない）が13億円となっています。

会社にとってのＩＰＯの注意点やデメリット

ＩＰＯにはメリットだけではなく、デメリットもあります。その多くはメリットの裏返しであり、デメリットというより注意点と呼んだほうがよいかもしれません。以下、それを確認していきます。

①上場審査をクリアするまでの手間や費用などのハードルが高い

ＩＰＯを目指す会社がまず注意しなければならないことは、上場審査をクリアするためには、相応の時間、費用、手間が掛かるという点です。

上場審査には直前2期分の監査報告が必要であるため、上場準備には最短でも約3年の時間が必要です。実際には3年で上場できる企業はまれで、5年～10年程度の時間を掛けて準備をする企業も珍しくありません。

費用については、上場準備のために人材を数人採用し、内部監査室や上場準備室などのチームを作る必要があるので人件費が掛かります。あわせてシステム投資などの費用が必要になることもよくあります。さらに、監査法人や証券会社、弁護士など、上場準備に必要な外部関係者に支払う費用も発生します。それらの費用を総合すると、企業規模にもよりますが、最低でも年間1億円程度は必要です。

手間の面では、まず上場に向けた人材採用が必要になります。理想的には、上場経験のあるＣＦＯ（Chief Financial Officer：最高財務責任者）の採用ですが、そういった人材を採用することは決して簡単ではありません。さらに内部統制の整理や上場基準のコンプライアンス対応なども必要です。それにあわせて、事業内容によってはビジネスモデルの更新をしなければならないこともあるかもしれません。もちろん、監査法人などとの打ち合わせは随時発生します。

さらに、このような費用と手間を掛けて準備をしたとしても、必ず予定通り上場できるとは限らないことも注意点です。例えば、上場予定の前々年や前年にコロナ禍のような外部環境の急変が起こって業績が大きく悪化すれば、上場は先延ばしにせざるを得ません。

そういう事情がなかったとしても、いったんはＩＰＯに向けて準備を始めたものの、大変さから断念してしまうことは珍しくないのです。

②上場後も費用や手間が掛かる

無事にＩＰＯを果たしたあとも、四半期ごとに提出が求められる四半期報告書や四半期決算短信、毎年の有価証券報告書の作成、適時開示が求められるＩＲ（インベスター・リレーションズ）体制確立や、株主総会の開催、株主の管理や問い合わせ対応など、さまざまな事務コストが掛かります。

③パブリックカンパニーとしての責務が課せられる

上場企業は、パブリックカンパニーとして、常に外部の目を意識し、重い責任が課されることも理解しておかなければなりません。例えば、上場にあたっては取締役会への社外取締役の参加が求められます（東証一部、二部市場では2人以上が必須）。すると取締役会においても「なあなあ」は許されず、外部の視点も交えた経営意思決定や企業統治が求められることになります。

先にも触れましたが、東京証券取引所では企業統治の指針となる「コーポレートガバナンス・コード」を定めており、２０２１年にはその改訂版が公表される予定です。そこでは従来版以上に資本コストを意識した効率的経営が要求される他、取締役の3分の1以上（必要な場合は半数以上）を社外の独立人材とすること（プライム市場）、管理職への女性や外国人の登用について数値目標の策定と達成状況を公表することなど、一層ガバナンスの透明性を高めたりダイバーシティや人権に配慮したりする施策が求められることになります。

また、反社会的な組織や人物との交流はもちろん禁物ですが、順法ではあっても、社長・役員などの言動に社会的に見て不適当と思われるような内容があれば、世間から厳しく批判されます。さらに、地方の企業であれば、地元から雇用維持や地域文化活動への支援なども期待されるところとなり、パブリックカンパニーとしてこれに応えていかなければなりません。

要は「自分たちのやりたいことだけを、やりやすいようにやる会社」では許されないのです。

④株主からの要求に応え続けなければならない

4点目として、株式市場で投資する株主の期待に応える難しさがあります。株主は、投資家としての利益の最大化、つまり株価の上昇や配当などの利益還元策を常に求め続け、業績の達成が四半期単位でチェックされ続けます。

そのため、四半期利益達成のために以前よりもコストへの締め付けが厳しくなったり、短期的な成果数値ばかり求められたりして、社員が疲弊してしまうようなケースも見られるのです。

また、株主はどうしても短期的に成果を求めます。

非公開企業であれば、「この事業は3年もすれば花開くだろうから、1、2年は大きな赤字になっても、我慢して投資しよう」といったことが、経営者の決断ひとつで可能です。しかし上場企業では必ず株主への説明責任が問われますし、もし失敗した場合は、厳しく批判され、結果責任も問われます。すると、市場からの要求に応えようとして、短期的な利益だけに適合する経営施策ばかりに注力してしまい、結果的に長期的な成長力が弱ってしまうというジレンマも起こり得ます。要はバランスなのですが、長期的な視野に立った成長戦略と、短期的な株価上昇を求める株主との両方に目配りをした難しい経営の舵取りが求められ続けるということです。

⑤敵対的な株主への対策が必要になる

敵対的な株主にも注意しなければなりません。現在の経営陣の考えとは異なる経営思想を持つ人物や企業が、株式市場や、ＴＯＢ（株式公開買い付け）によって株を買い占め、経営支配権を握ろうとすることがあります。最近では、外食チェーンの大戸屋へのコロワイドのＴＯＢ、デサントへの伊藤忠商事のＴＯＢが、敵対的ＴＯＢとして話題になりました。最悪の場合はそういった人物や企業に会社が乗っ取られる可能性もあります。

創業者にとってのＩＰＯの注意点やデメリット

次に創業者のイグジットとしてのＩＰＯについての注意点を解説します。

上場により、創業者は保有資産が大きく増大しますが、それはあくまで保有株式の資産価値であり、そのまま現金が増えるわけではありません。実際には、経営者が保有している株を自由に売って現金化することはできません。まずＩＰＯ後、短期的には「ロックアップ」といって、公開後60日〜１８０日程度の期間は大株主の売出が禁止されます。その経過後も、創業経営者が株を売ることには相当の難しさが伴います。

なぜなら、普通の投資家は株価がこれから上がると思っている間は株を売らず、これから下がると思うときに売ります。すると、会社のことを最もよく知っているはずの創業経営者が自社の株を売りに出せば、「この会社の社長は、業績がもう伸びない、これから株価が下がると思っているのか」と投資家は判断します。そこで、創業経営者が株を売ったことを知れば、他の投資家も一斉に売りに回り、短期間で株価が暴落する可能性が高いのです。

仮に株価の暴落がないにしても、会社を成長させていく役割であるべき経営者が自社の株を売るという行為は、厳しくいえば投資家に対する利益相反（市場で株を売るとき、当然その株を買う相手の投資家がいるので）、裏切り行為とも捉えられかねません。

なお、金融商品取引法には「5％ルール」というものが規定されています。これは、上場企業の発行済み株式数の5％超を保有する株主（大量保有者）には、内閣総理大臣に「大量保有報告書」を提出する義務があること、また、大量保有者の保有割合が1％以上増減した場合には「変更報告書」の提出義務が生じることです。提出された大量保有報告書や変更報告書は、EDINETという電子開示システムに登録され、誰でも自由に閲覧することが可能です。つまり、創業者が1％以上の株を売った場合は、変更報告書の開示が義務付けられ、それをEDINETで確認できる以上、隠しておくことはできないということです。

もちろん、上場後、十分に株価が上昇し、多くの投資家が利益を得ている状況で、「新しくリスクを伴う事業を興すために会社の資金ではなく個人の資金で挑戦したい」といった、前向きな理由があり、説明責任が果たせるケースでの保有株の売却であれば、投資家の納得も得られやすくなります。

要は、パブリックカンパニーの代表というなかば公的な立場である以上、自己の経済的な利益だけを追求するような無責任な株式売却は許されないということです。

ＩＰＯは経営者としての「ゴール」ではない

経営者としては、経営から完全に引退するのでない限り、ＩＰＯを「ゴール」と考えるべきではありません。むしろ、ＩＰＯによって得た資金や社会的信用力、知名度といった経営資源を活用して、どれだけ会社を成長させ、一般株主や従業員をはじめとするステークホルダーの満足を実現させられるのかを考えることこそ、ＩＰＯを目指す経営者がなすべきことです。

もしその点に、自信や目算がないのであれば、自らが主導してのＩＰＯは目指すべきではないといえるかもしれません。

なお、少し些末な点ですが、もう1つのデメリットにも触れておきます。

パブリックカンパニーの代表は、ある側面では公人であるため、社会的な賞賛や信用を得られることの反面として、なにかと世間から注目を浴び世間の目にさらされることがあります。ある程度、プライバシーが失われることは覚悟しておいたほうがいいでしょう。例えば、役員報酬は有価証券報告書内の開示情報になるので、株主から「役員はこんなに高い報酬をとっているくせに、なんで業績が上がらないんだ」と文句を言われることなどは日常茶飯事です。

そういうことがどうしても耐えられないという人は、IPOには向いていないといえます。

M&Aの目的と会社にとってのメリット

次に、M&Aについて少し詳しく見ていきます。

最初に確認しておきたいのは、一口に「M&A」といっても、さまざまな観点からの分類ができることです。例えば、売り手にとってのM&Aの目的や、売り手企業の規模、地域性、などです。

まず、売り手の会社が、どんなメリットを求めてM&Aを行うのか、その目的からは「成長戦略型」「事業承継型」「救済型」の3タイプに分類できます。

①成長戦略型M&A
あるステージまで成長した企業が、自社だけでの成長に限界を感じたとき、他社の力を借りてさらなる成長を目指す戦略的手段としてM&Aを選択するケースです。

具体的には、2社のビジネスモデルや調達・販売・顧客基盤などの掛け合わせによるシナジー（相乗効果）、互いの需要変動や資源制約を補うことによる相補効果、バックオフィスや業務システムの統合による範囲の経済性などがＭ＆Ａによるメリットとして期待されます。また、買い手が上場している大企業や実績のあるＰＥファンドなどであれば、社会的な信用力も向上するので、直接・間接に財務基盤の強化も図れます。

これらの効果によって「成長の壁」を乗り越えることを目指すという点で、成長戦略型Ｍ＆Ａの経営的意図は、直接ＩＰＯを目指すことと近似だと考えられます。

以後、本書で扱うのは、このタイプです。

②事業承継型Ｍ＆Ａ

いわゆる「後継ぎ」がいない企業を引き継ぐためのＭ＆Ａです。業績が安定して好調な会社が、後継者不在のために消滅してしまえば、すべてのステークホルダー（株主、取引先、従業員、金融機関、地域社会など）にとって大きな損失です。Ｍ＆Ａにより、そのような事態を防げることがメリットです。なお、売り手企業が成長過程にあるならば、①成長戦略型Ｍ＆Ａの意味合いも含むことになりますし、また逆に業績不振企業の場合であれば、③救済型Ｍ＆Ａの意味合いも含むことになり、明確な線引きはできません。

このタイプのＭ＆Ａは、一般的には同業他社が買い手となるケースが多いですが、一種の「つなぎ」として、事業承継を専門に扱う「事業承継ファンド」が買い手となることもあります。

③救済型M&A

業績不振により財務基盤が悪化している企業に、財務基盤に余裕のある企業や再生ファンドなどが出資し、経営の再生を図るためのM&Aです。多数の従業員を雇用して地域経済に貢献していたり、地域産業のサプライチェーンの中で不可欠な存在になっていたりする企業であれば、倒産や廃業させるよりも、救済して存続させるほうが、その企業にとっても地域経済や取引先企業にとってもメリットがあるでしょう。

▼売り手の規模や地域性で買い手が異なってくる

次に、売り手の規模や地域性による買い手の違いという点からの、M&Aの分類も可能でしょう。

例えば、PEファンドは、売却価格が1億円や2億円といったM&A案件を扱うことは通常ありません。最低でも20億~30億円規模が、PEファンドの扱う対象になります。また、東京や大阪、福岡、名古屋といった大都市圏以外の地方に在住して、地域経済圏だけでビジネスをしているような企業も、通常、PEファンドの投資対象にはなりません。

そういった企業は、成長戦略型M&Aであっても、同じ経済圏にある大企業グループへの参画や、同業他社との経営統合による規模拡大といった形になることが一般的です。

M&Aの買い手にとってのメリット

本書は基本的に売り手企業の立場でM&Aについて解説していますが、買い手が事業会社である場合の、買い手企業の事情も確認しておきます。共通していえるのが「時間を買う」という点です。

買い手企業がM&Aによって求めるものには、水平型統合、垂直型統合、多角化型統合とに大きくわけられます。水平型統合とは、例えばスーパーマーケットのチェーンが、他のチェーンを買収して、店舗を増やし市場占有率を上げるような形です。一方、垂直型統合とは、製造業の企業が原材料メーカー（上流）や小売店（下流）を買収して、サプライチェーンの前後の機能を補完するような形です。いずれの場合も、買い手の意図としては、短期間で一気に事業規模拡大やシナジーを形成し、市場での競争優位性を高めることです。

また、大企業が、将来性のあるベンチャー企業を買収するようなケースでは、現在の業務とは無関連の事業を買収して多角化を図る形もあり得ます。大きく育つ可能性がある事業の「芽」を買うという意味になります。

さらに、やや特殊なケースとしては、事業にあたって行政当局の許認可が必要な業種で、許認可取得のハードルが高い場合、許認可を得る目的でM&Aをすることもあります。例えば、地域ごとに病床数が決められているため新設が難しい病院のM&Aなどが典型的なケースです。

M&Aイグジットによる創業者のメリットの第一は、対価が得られること

成長の壁を乗り越えるために取り得る選択肢という意味で、成長戦略型M&AとＩＰＯの経営戦略上の意味あいは近いといえます。ただし、ＩＰＯと異なり、M&Aでは不特定多数の株主に投資機会を提供するわけではないので、パブリックカンパニーとしての責務が直接問われることにはなりません（企業としての一般的な社会的責任はもちろんあります）。

そのため、創業者利益を現金で獲得したければ、M&Aのほうがより直接的にメリットがあるでしょう。先に述べたように、上場企業創業者は、株式を自由に売ることができないためです。

例えば、今株式公開時の時価総額が30億円となる企業で、株式の１００％を創業者が保有しているとします。ＩＰＯに際して、創業者が保有株式の10％を売り出せば、得られる対価は3億円です。上場後、仮に株価が公募価格の2倍になったとすると、創業者の保有する株式の評価額は54億円になります。その時点で得られた創業者利益の総評価額は57億円ですが、そのうち現金は3億円で、株式の時価評価額が54億円です。

一方、M&Aによって創業者の保有する株式の１００％が30億円で売れたとすると、創業者利益は30億円の現金です。資産の総評価額としてはＩＰＯより低くなりますが、自由に使える

キャッシュという点では、はるかに大きな金額を入手できます。

その他の創業者のメリット

①会社債務への個人保証が外せる

非公開企業では、金融機関から融資を受ける際に、経営者が連帯保証人になったり、個人資産を担保として差し入れることを求められたりするケースがほとんどです。事業規模が大きくなり、運転資金や設備投資資金の必要金額が増えるにつれて、経営者個人の保証金額も大きくなることが一般的で、数億円から数十億円の連帯保証債務を背負うことも珍しくありません。

会社の業績が好調で、きちんと返済をしていればなんの問題もないわけですが、連帯保証債務は自分が借りているのと同じ義務があるため、もし万一、会社に不測の事態が生じたときは個人としても破産は免れません。そうなれば自分だけではなく、家族にも大きな影響があるでしょう。そのため、多額の資金が必要な新事業に挑戦したくても、なかなか取り組みにくいというケースもあります。

M&Aの際は、会社の所有権は買い手に移転されるため、通常、創業者の個人保証は外されます。そのうえで売却資金が入れば、今までは失敗が怖くて取り組めなかったリスキーだが収益性の期待値が高い事業に挑戦することも可能になるかもしれません。

そうでなくても、やはり多額の借金の負担がなくなれば、心理的な負担は大いに軽減されるでしょう。これも、創業者にとってのM&Aのメリットです。

②将来の収益を確定できる

M&Aは「将来の利益を確定させる」行為でもあります。第4章で詳しく述べますが、M&Aの譲渡価格は、通常、将来の数年分の利益を見込んで算定されるからです。つまり、将来の収益を現時点で確定して、現金化できるのがM&Aだということもできます。

例えば、ご承知のように、飲食、旅行、エンタメといった業界では、2019年までは絶好調で拡大路線を走っていた会社でも、2020年春からの新型コロナウイルス感染症拡大で大打撃を受け利益が激減しました。

もし、コロナ禍の前に、年間2億円のEBITDA（※営業利益＋減価償却費。詳しくは第4章で説明します）を出していた飲食店チェーンがあり、2019年にM&Aをしていたとします。その譲渡価格が、年間2億円のEBITDAが将来5年間にわたって得られ続ける前提で算定され10億円だったとします（簡略化のため借入金・現預金はゼロとします）。創業者は10億円で譲渡することで、将来5年分の利益を確定し、キャッシュを手にします。その後でコロナ禍が起きて、実際のEBITDAが1億円に減ったとしても、すでにキャッシュ化された10億円が減ることはありません（厳密には契約条項次第ですが、将来収益に関わる補償はなされないことが一般的です）。

このように、将来の数年分の利益を確定し、キャッシュ化してしまえば、その時点で、創業者はほぼノーリスクになります。このように創業者としてのリスクをヘッジ（限定）できることも、Ｍ＆Ａのメリットだといえます。

Ｍ＆Ａの注意点とデメリット

成長戦略型Ｍ＆Ａのデメリットや注意点についても見ておきましょう。

①会社にとって期待していたシナジーが得られないリスク

まず会社にとってのデメリットとして、シナジーなどの期待していた成長効果が得られないリスクが挙げられます。例えば、親会社のガバナンスや企業文化が無理に押し付けられることで、売り手の企業文化が変わってしまい、それによって社員の士気が下がってしまったり、バリューチェーンにおける持続的競争優位性の源泉が縮小してしまったりすることはあり得ます。また、補完効果や規模の経済性、範囲の経済性などについても「やってみたら想定していたほど効果が出なかった」ということはあり得ます。

これらの危険性を排除するためには、Ｍ＆Ａの検討・進行プロセスにおいて、売り手と買い手が十分に互いの企業文化や統合戦略を確認しながらマッチングを進めることが必要です。そのために、M&A仲介会社が果たす役割も重要になります。

②単独でのIPOが難しくなる

また、事業会社、とりわけ上場会社とのM&Aで子会社になった場合、その後のIPOが困難になるという点にも注意が必要です。

以前は、上場している会社の子会社でも、独自にIPOをすることがよくありました。これを「親子上場」といいます。例えば、GMOグループやイオングループなどは、グループでたくさんの子会社を上場させています。

しかし、かねてより親子上場には投資資金の〝二重取り〟ではないかといった問題が指摘されてきました。実際、海外の株式市場では親子上場はほとんど認められていません。東京証券取引所でも、2022年の市場再編にあわせて、グローバルスタンダードに準拠して親子上場を制限する方向に進んでいるようです。例えば2020年には、NTTの子会社のNTTドコモ、伊藤忠商事の子会社のファミリーマートなど親子上場をしていた15の会社（子会社）が、上場を取りやめました。

もしM&Aで上場企業の子会社になった場合、そのままで独自にIPOをすることはかなり難しくなると考えておいたほうがいいでしょう。

③創業者利益のアップサイドが限定される

最後に、創業者にとってのデメリットですが、創業者利益が確定できることの裏返しとして、アップサイドの可能性がなくなるという点が挙げられます。先の数値例では、２０１９年に2億円のＥＢＩＴＤＡが、5年間変わらないとして10億円の価格が算定されていますが、もし実際には、3億円、5億円、7億円……と伸びていったとしたら、その伸びた分を創業者は「もらいそこねた」と考えることもできます。あるいは、5年分の利益で株式価値が算定されるとすれば、6年目以降の利益は含まれないので、その分ももらいそこねたということになります。

その点、ＩＰＯの場合は、基本的にはＥＰＳ（1株あたり利益）の上昇に応じて株価も上昇していくので、株式を保有し業績が上昇を続けている限り、創業者の資産価値のアップサイドには限定がありません。その意味で、創業者の保有資産価値を将来最大化させられる可能性があるのはＩＰＯです（もちろん、業績が悪化して株価が低迷すれば、資産価値も減るわけですが）。

以上、ＩＰＯにも、Ｍ＆Ａにも、それぞれメリット、デメリットがあります。それを踏まえたうえで、両者を段階的に組み合わせることにより、それぞれのメリットを受けつつ、デメリットを減らせる方法が「成長戦略型段階的Ｍ＆Ａ」なのです。

第2章

創業者利益を得ながら経営に参画し、会社を成長させる

「成長戦略型段階的M&A」

ＩＰＯとＭ＆Ａの〝いいとこ取り〟を実現する「成長戦略型段階的Ｍ＆Ａ」

前章では、ＩＰＯとＭ＆Ａそれぞれの仕組みやメリット、デメリットについて説明してきました。ここからは「成長戦略型段階的Ｍ＆Ａ」について説明していきます。

まず、成長戦略型段階的Ｍ＆Ａ（以下「段階的Ｍ＆Ａ」）とは法律的に定義されている言葉ではありません。「会社の成長を目指して、計画的に2回にわけて行われるＭ＆ＡやＩＰＯ」のことを総称してこう呼んでいます。

売り手企業の創業者が保有する株式を買い手に１００％売却してしまえば、そこで取引は終わりになります。そのような1回きりの取引で終わるＭ＆Ａもよく見られます。

一方、Ｍ＆Ａに際して株式の全部を売却せずに一部を残しておき、将来、再度Ｍ＆Ａをする、あるいはＩＰＯをするなどの形で残しておいた株式を売却するのが段階的Ｍ＆Ａというわけです。場合によっては、1回目のＭ＆Ａの際に、株式は１００％売却するものの、代わりにストックオプションの権利を得て会社への関与を続け、将来のＩＰＯ時にストックオプションを行使し、株式を取得して売却益を得るような形もこの範疇に含めます。段階的Ｍ＆Ａにも、さまざまなパターンがあるということです。

しかし、段階的Ｍ＆Ａの特徴が最もわかりやすいのは、Ｍ＆ＡとＩＰＯを組み合わせて実行することで、両者のメリットを享受しながらデメリットを縮小するケースだと思われます。そこでまず、「ＰＥファンドが買い手となって、ＩＰＯを目指す」パターンでの流れを確認していきます。これを簡単にまとめると次のようになります。

①ＰＥファンドへの株式売却によるＭ＆Ａ（一段階目）
②ＰＥファンド保有期間中の企業価値向上
③ＩＰＯやトレードセール（二段階目）

二段階目としてＩＰＯを目指す場合は、一段階目において事業会社ではなく、ＰＥファンドが譲り受けることが普通です。すでに説明しましたが、事業会社が買い手となった場合には、子会社が独自にＩＰＯすることが、事実上難しくなっているためです。

ＰＥファンドについては、章を改めて詳しく説明しますが、ＰＥファンドは購入した株式（会社）を一定期間後にイグジット（売却）するのが原則です。買った会社を成長させて、より高値にしてからイグジットして利益を得るというのが、ＰＥファンドの基本的なビジネスモデルだからです（売却せずに保有を続けて、会社の事業からの利益を得続けることもないわけではありません）。そこで、創業者もＰＥファンドに売却する一段階目のイグジットに加えて、ＰＥファンドのイグジットと一緒に二段階目を目指すというのが、段階的Ｍ＆Ａの基本的な建て付けです。

では、①から③の各段階を、もう少し詳しく見ていきます。

①PEファンドへの株式売却によるM&A（一段階目）

段階的M&Aの一段階目は、PEファンドへ株式を売却するM&Aです。ここでは、創業者の保有する株式の大部分（80～90%程度）をPEファンドに対して譲渡します。その結果、PEファンドが経営支配権を有する多数株主、創業者が少数株主になります。創業者は、株式の一定割合を現金化して創業者利益を確定できます。また、現金での株式買い取りに加えてストックオプション付与を組み合わせる方法もよく用いられます。

②PEファンド保有期間中の企業価値向上

一段階目のM&Aのあと、株式の過半数を保有するPEファンドが会社の支配権を持ちます。PEファンドが出資した会社の株式を保有している期間は5年程度のことが多く、短い場合だと3年程度、長い場合だと7年程度になることもあります。その間に、PEファンドはさまざまな形での経営への関与、いわゆる「ハンズオン」を実施して企業価値を最大限に高めていきます（ハンズオンの具体的な内容については次章で説明します）。

なお、創業者は、一段階目のM&A後も一部の株式（またはストックオプション）を保有し続けることになるわけですが、その後の会社との関わり方には、次のようなパターンがあります。

（a）創業者がそのまま社長として残り、経営の指揮を続ける（1〜2年間など期間を区切る場合もある）。また、創業社長と後継社長とのダブル代表になる場合もある。
（b）社内のプロパー役員などから後継社長を抜擢して代表取締役に就任してもらい、創業社長は代表権のない会長に就く。
（c）PEファンドのメンバーあるいは、PEファンドが外部から招聘《しょうへい》した人物が社長になり、創業社長は顧問や相談役などとして関与を続ける。
（d）後継社長を（b）や（c）のパターンで選任したうえで、創業社長は経営からは完全に退いて、株主としてのみ関わる。

どういった関わり方をするのかは、M&Aの検討段階において創業社長とPEファンド双方の意向をすりあわせて、あらかじめ方針を決めておきます。

ただし、PEファンドとしては、多くの場合、創業経営者に引き続きなんらかの形で経営に協力してもらい、一緒に会社を成長させてほしいと考えます。そのためのインセンティブとしても、創業者にある程度の株式保有を残してもらうほうが、ファンドにとっても望ましい形というわけです。そこで、もし創業者が一段階目のイグジットでのキャッシュインを最大にするため100%の株式譲渡を希望した場合でも、ストックオプションの付与を設計するなどして、積極的な経営関与へのインセンティブとする形での段階的M&Aもあり得ます。

③ＩＰＯやトレードセール（二段階目）

３～７年程度が経過し、想定された企業価値向上が見込まれた場合、ＰＥファンドはＩＰＯ、またはトレードセール（他ファンドや事業会社へのＭ＆Ａ売却）により投資の出口とするのが一般的です。その際、創業者も一部保有していた株式を売却すれば、これが二段階目となります。ただし最近では、ＰＥファンドが３～７年での売却をせず、10年以上にわたって株主として経営関与を続け、配当金などにより利益を獲得することを目指すケースも見られるようになってきています。

創業者のイグジットメリットを数値例で確認

ＰＥファンドが買い手となり、ＩＰＯを目指す段階的Ｍ＆Ａのケースで、創業者が得られる経済的メリットについて、簡単な数値例でご説明します。

今、企業価値が１００億円と算定されるA社があり、創業者であるP氏が１００％の株式を保有しているとします。説明の簡略化のため、A社は借入金も現預金もゼロであることとし、また譲渡等に関する手数料や課税などは考慮しません。

ここで、Ｐ氏が保有するA社株式の80％をＰＥファンドであるXファンドが80億円で買い取ります。この時点で、Ｐ氏は創業者利益として80億円の現金を得られます。これが一段階目です。Xファンドの80億円の買い取り資金は、銀行融資を活用したＬＢＯ（レバレッジド・バイアウト）の手法が用いられ、ファンドの自己資本（エクイティ）は30億円、銀行融資が50億円で構成されるとします。

この例では株式の過半数の割合を持つXファンドが経営支配権を握ります。Xファンドは、必要に応じてA社に足りなかった経営資源を手当てしながら企業価値を向上させていきます。

その後、例えば、５年間の保有期間を経て企業価値が２００億円まで成長したところでA社のＩＰＯが実現できたとします。この時点でＬＢＯ融資の元本は毎年返済され40億円に減少し、現預金はゼロのままとします。すると、株主価値は１６０億円になり、Xファンドの持分は１２８億円、P氏の持分は32億円となります。この株式評価額が二段階目で得られる創業者利益です。すると、P氏が得られる創業者利益の合計は、80億円（現金）＋32億円（株式評価額）で合計１１２億円になります。もちろん、上場後に株価が上昇すれば、さらなる保有資産の増加も期待できます。

一方、Xファンドは、１２８億円から最初に拠出したエクイティの30億円を差し引くと98億円の利益です。５年間での利益率は約３２７％になります（内部収益率としては33・７％になります）。

図表2-1　成長戦略型段階的M&Aの概要

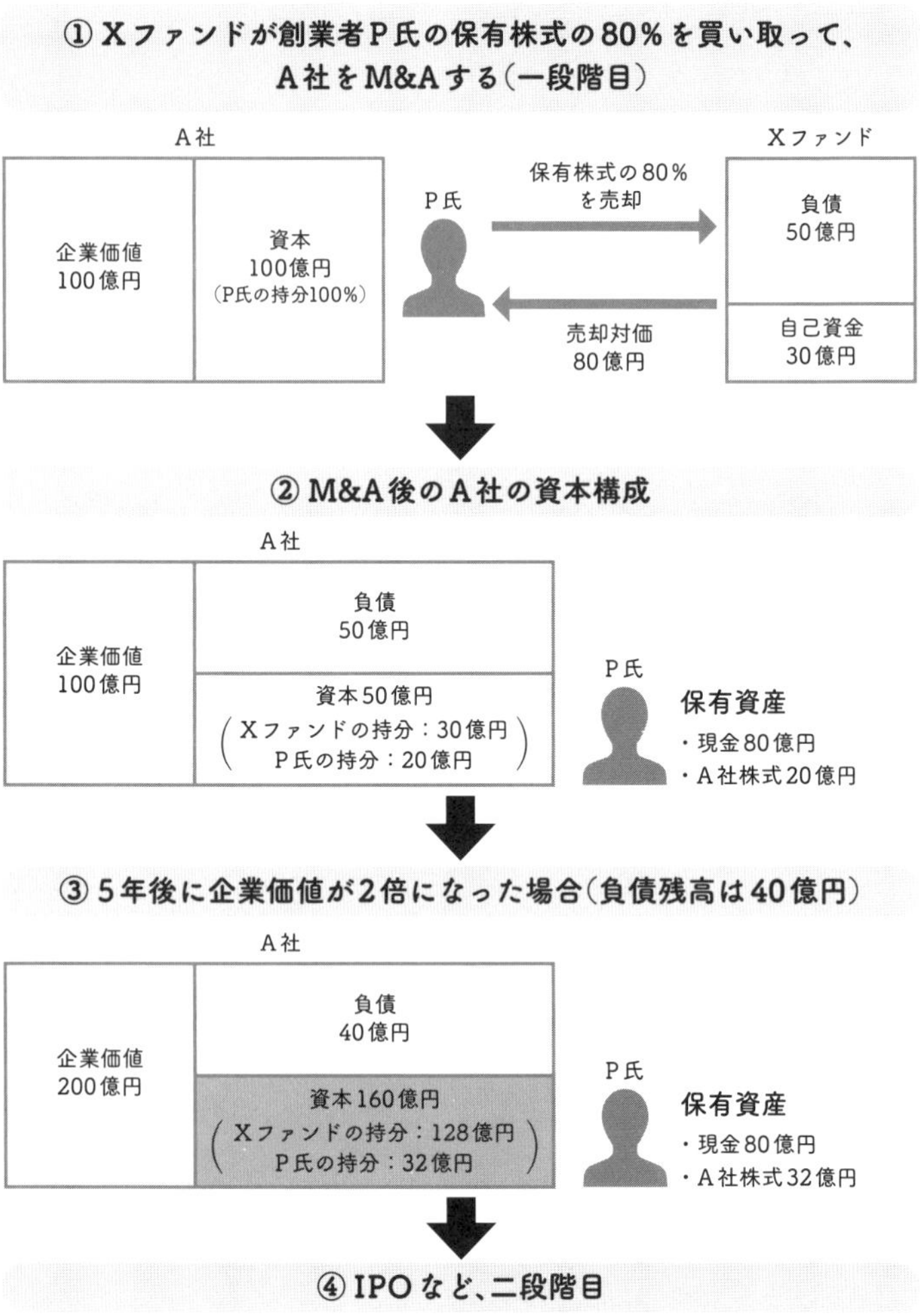
①Xファンドが創業者P氏の保有株式の80%を買い取って、
A社をM&Aする（一段階目）
A社
企業価値
100億円
資本
100億円
（P氏の持分100%）
P氏
保有株式の80%
を売却
売却対価
80億円
Xファンド
負債
50億円
自己資金
30億円
②M&A後のA社の資本構成
A社
企業価値
100億円
負債
50億円
資本50億円
（Xファンドの持分：30億円
P氏の持分：20億円）
P氏
保有資産
・現金80億円
・A社株式20億円
③5年後に企業価値が2倍になった場合（負債残高は40億円）
A社
企業価値
200億円
負債
40億円
資本160億円
（Xファンドの持分：128億円
P氏の持分：32億円）
P氏
保有資産
・現金80億円
・A社株式32億円
④IPOなど、二段階目

M&Aのみのケース、直接ＩＰＯをするケースと、成長戦略型段階的M&Aとの比較

以上の数値例を、M&Aのみを実施した場合、ＩＰＯのみを実施した場合と比較してみます。

まず、Ｐ氏が1回で、株式の100％を100億円で売却した場合です。この場合、Ｐ氏が得られる創業者利益は100億円きりなので、段階的M&Aの数値例での112億円より少なくなります。また、段階的M&Aでは、ＩＰＯ後にさらに資産が増大する可能性がありますが、そういう可能性もありません。


次に、M&Aをせずに、自社の力だけでＩＰＯを実現した場合を想定してみます。

まず、段階的M&Aのケースと同じく50億円の融資を受けてから、5年後に200億円の企業価値（融資残高40億円＋株主価値160億円）まで成長することができたとします。すると、Ｐ氏の保有株は160億円の評価額になります。仮にＩＰＯの際、20％を売り出したとすると、32億円のキャッシュ＋128億円の資産価値を持つ株式の保有という結果になります。もちろん、上場後に株価が上昇すれば保有株式の価値はさらに増えます。


ここで、「5年後に企業価値が2倍になってＩＰＯをするといっても、そんな先のことは〝捕らぬ狸の皮算用〟ではないか」と思われる方もいるでしょう。

そこで次に、Ａ社が成長できずＩＰＯもできない場合を考えてみます。

図表2-2　創業者利益の例

	バリューアップ成功	バリューアップ失敗
1回のM&Aで100%売却	現金100億円	現金40億円
単独IPO	現金32億円＋株式評価額128億円	不可
成長戦略型段階的M&A	**現金80億円＋株式評価額32億円**	**現金88億円**

まず段階的M&Aの場合です。仮に、M&Aから5年後に、トレードセールによって事業会社に売却したとします。その場合の売却価格がいくらになるかはわかりませんが、成長をしていないという前提の例なので、相応に低い価格となります。仮に、株主価値40億円でM&Aされたとすると、Xファンドが32億円、P氏が8億円を得ることになります。P氏の創業者利益は80億円＋8億円＝88億円となります。

次に、1回のM&Aのみの場合ですが、売り切って100億円を得ているので、そのあと会社がどう変化しようとその金額には変化はありません。

最後に、M&Aをせずに自社の力だけでIPOを実現しようとしていてそれが実現できず、トレードセールの場合と同じく、5年後に株主価値40億円でM&Aをした場合、株式の

１００％を売るＰ氏が得るのは40億円ということになります。

以上をまとめると、各イグジットのパターンで創業者が得られる利益は図表２－２のようになります。いくつもの仮定をおき、かなり単純化した例ではありますが、創業者にとっての段階的Ｍ＆Ａが、確実に一定の創業者利益を確保しながら、さらにアップサイドを目指せる方法であるという特徴はつかんでいただけると思います。

なお、ここでは段階的Ｍ＆Ａの性格を示すために、企業価値が大幅に減少する例も挙げましたが、実際にはＰＥファンドが資本参加したあとに企業価値が下がるのは、非常にレアなケースです。その点は第3章で改めて説明します。

ほかにもある、成長戦略型段階的Ｍ＆Ａによる創業者のメリット

Ｍ＆Ａの項目でも説明したように、会社の借入金に対する創業者の個人保証は、段階的Ｍ＆Ａの一段階目で外されることが基本です。つまり、創業者個人の負債の負担がなくなります。また、リスクがある将来の予想利益を確定できるという点も、Ｍ＆Ａの項目で説明したとおりです。ただし、段階的Ｍ＆Ａの場合は１００％の確定にはなりませんが。

ここまででも「一石二鳥」と呼ぶべきメリットがあります。さらに、その後も会社が順調に成長していけば、将来得られる創業者利益が順調に増えていく可能性もあるので、それを含め

れば「一石三鳥」だともいえます。段階的M&Aは創業者利益の確定とその拡大可能性の追求という相反する目的を、一部分ずつ段階的に実現する方法であると同時に、売却した相手企業の力を借りることで会社の成長をも目指す方法なのです。

逆に、創業者が、自分自身の経営だけで成長の壁を乗り越えて企業価値を増大し続け、IPOも実現し、その後も成長を続けていける自信があるのなら、段階的M&Aを選ぶ必要性は低いといえるでしょう。

●事業会社が買い手となる成長戦略型段階的M&Aのケース

ここまではPEファンドが買い手になる例で説明してきましたが、一段階目に事業会社が買い手となるM&Aでの、段階的M&Aもあり得ます。

事業会社の子会社となった場合は、単独でのIPOは難しくなることはすでに説明したとおりです。しかし、買い手企業が非上場企業の場合に、創業者が買い手の会社のストックオプションの付与を得て、買い手企業がIPOする際に二段階目を果たすような形はあり得ます。

あるいは、一度に100%の株式を売却するのではなく、二段階にわけて売却し、一定の条件のもとで、二段階目をより高い株式評価で売却するという形での段階的M&Aもあるでしょう。ほかにも、買い手企業が上場企業の場合、株式交換というスキームを用いて、創業者が買い手企業の株式の一部を保有し、将来的に株式市場で売却する形など、いくつかのスキームが考えられます。段階的Ｍ＆Ａは必ずしも、ＰＥファンドが買い手になる形ばかりではないということです。

会社にとって、成長戦略型段階的Ｍ＆Ａは二段階成長戦略

会社や社員にとって、ＰＥファンドが買い手となり、ＩＰＯを目指すパターンでの段階的Ｍ＆Ａのメリットは、「自社のままで持続的に成長できる可能性が高まる」という点でしょう。

自社単独でのＩＰＯを目指すことは、かなりハードルが高く、実現可能性が低いという問題があります。例えば、中堅規模の会社でも、関与している財務の専門家は税理士だけで、主に決算業務や税務申告だけを依頼しているというところが大半です。ＩＰＯの数年前から必要になる監査法人の内部監査を受けている会社は珍しく、そもそも監査法人を探すところから始めなければなりません。

その点、ＩＰＯの実績が多く、手慣れているＰＥファンドに経営参加してもらえば、資本政策をはじめ効率よくＩＰＯを目指すための段取りを滞りなく進めてくれるので、二段階目のＩＰＯ実現の可能性が高められます。ただし、すべてのＰＥファンドがＩＰＯ経験が豊富というわけではなく、ＩＰＯを目指して成長させるという点にあまり力をおいていないＰＥファンドもあります。その点を、過去の実績などから確認しておくことが重要です。

また、事業会社へのM&Aの場合は、シナジーや事業規模拡大により一気に成長できる可能性もあります。買い手の事業会社が非上場企業でIPOを目指しているのであれば、売り手企業も、グループの一員として、上場企業レベルの事業体制の構築を進めることができるでしょう。どちらのケースでも、企業価値向上に向けて、外部の客観的な立場からそれまでのビジネスモデルやマネジメント体制を見直し、ブラッシュアップする契機となります。特に、創業経営者の属人性が大きいビジネスモデルやマネジメント体制から、組織的なそれへ脱皮が図られることは、多くの企業にとって非常に有益なはずです。

ほとんどの中小・中堅企業では、創業経営者が最も有能な人材であり、そのビジネスの多くの面が創業経営者の能力に依っています。しかし、それは逆にいえば、創業経営者の能力以上に会社を伸ばすことができないという限界をも意味します（第1章で述べた「経営者自身の壁」）。

外部の会社が経営支配権を持ち、属人的ビジネスを組織的ビジネスにトランスフォーメーションすることで、成長の可能性が大きく広がります。組織的なビジネス体制の構築は、会社の持続的な成長のために不可欠のプロセスですが、それが一気に実現されるのです。

また、M&Aにより企業グループ力が強化されることで、自社が他社を買う立場でのM&Aでも大きな力を発揮します。例えば、買い手企業やPEファンドの情報ネットワークやファイナンスを活用することで、経営資源である「カネ」「情報」に、これまで以上のアクセスが可能となるため、自社と事業シナジーが期待できる企業や事業の買収実現可能性が高くなると考えられます。もちろん、買う立場でのＭ＆Ａも簡単なものではありませんが、親会社やＰＥファンドが間に入ることで、事業シナジーが生まれるＭ＆Ａを実現できれば、一気に企業価値が向上する可能性があります。

以上、段階的Ｍ＆Ａの会社にとってのメリットをまとめると、一段階目では買い手企業によって自社に不足する経営資源（人、モノ、カネ、情報）が適宜補われると同時に、組織的経営体制の構築により成長の壁を乗り越えることができることです。あわせて、買い手がＰＥファンドの場合、ファンドによってはＩＰＯの準備がスムーズに進められることもあります。ＩＰＯが実現すれば、多額の資金獲得と信用力の飛躍的増大によって、さらなる成長拡大が見込めます。

段階的Ｍ＆Ａは、会社の持続的成長を実現するための「二段階成長戦略」なのです。

ストックオプションの発行で社員に報いる

また、ＰＥファンドが買い手となり二段階目でＩＰＯを目指す場合や、買い手事業会社がＩＰＯを目指す場合に、Ｍ＆Ａの前から在籍する役員や社員にはストックオプションが付与される設計が可能となることも、メリットだといえます。

ストックオプションとは、自社株（ストック）を一定期間内に、一定価格で購入できる権利（オプション）のことです。

例えば「5年以内にA社株を1株1000円で買う権利」という具合です。このストックオプションを1000株分付与されたあと、3年後にIPOが実現して、市場での株価が3000円になったとします。その時に権利を行使して、1000株を1000円で会社から購入して、株式市場において3000円で売れば、1株あたり2000円、1000株で200万円の利益を得ることができます。

もし会社の業績が大きく伸びて株価が1万円になった時に売れば、同様に900万円の利益です。逆に、もし株価が1000円よりも下がった場合は、権利を行使しなければいいだけなので、ストックオプションを与えられた役員・社員に損失はありません。

会社がIPOを実現すること、またそれに向けて業績を向上させることと、役員・社員自身の利益とが一致するため、モチベーションやモラール（士気）をアップさせるインセンティブになり得ます。一般的にM&Aが実施される際には、社員のリテンション（退職を防ぐこと）が問題になりますが、ストックオプション付与はリテンション施策の一環ともなります。そのため、特にPEファンドが買い手となるM&Aにおいては、多くの場合、役員や社員へのストックオプションの導入が検討されます。また先にも触れたように、創業者のイグジットに関しても対価の一部としてストックオプションが付与されるケースがあります。

ストックオプションの付与は、役員・社員へ金銭で報いる方法の一つですが、会社にとっては、賞与のように直接のキャッシュアウトが生じないため、キャッシュフローには影響を与えないというメリットもあります（ＰＬ：損益計算書上の損益には影響します）。

二段階目のもう一つのイグジット、トレードセールとは

ところで、ここまでは、段階的Ｍ＆Ａの二段階目はＩＰＯである前提で話を進めてきました。しかし、実際にはＩＰＯではなく、ほかのファンドや事業会社にＭ＆Ａ売却をする「トレードセール」が行われることもよくあります。それは単に「ＩＰＯができないからトレードセールで」ということではなく（そういう場合もあるでしょうが）、そのときの事業内容や業種の市場動向、また株式市場動向などを考慮して、ＩＰＯとトレードセールのどちらが関係者にとってより有利かという点から比較検討されるものです。

ＩＰＯ時の公開価格は、上場類似業種会社の株価指標などを重要な参考要素として決定されます。ところが、日本の株式市場では、「万年割安株」と呼ばれるような、指標的に見て常に株価が割安で放置されているような業種や会社がたくさんあります。例えば、金融や商社、建設、エネルギーなどの業種では、ＰＢＲ（株価純資産倍率）が1倍割れ、場合によっては0・5倍にも満たないような企業がたくさんあります。そのような会社は、時価総額が会社の

純資産よりも低くなっているということであり、わかりやすくいえば「100億円の会社が、50億円の値段で放置されている」ということです。それにはさまざまな理由があり、ここでは詳述を避けますが、とにかく万年割安の業種があるということです。

すると、もしIPOを目指す会社の事業が安定的に利益を創出し、同業他社と比較して優位性を持っているにもかかわらず、類似会社が株式市場で高く評価されないタイプである場合、IPO時の企業価値評価＝公開価格決定が、思ったよりも低くなる可能性があるということです。

さらに不確実性が高いのが株式市場の市況です。IPOを想定する時期にたまたま株式市場全体が低迷していれば、公開価格は低く設定されてしまいます。また、自国・他国の政局や金融政策に大きな変化が生じ、株式市場が一時的にクラッシュした場合、せっかく準備してきたIPOそのものを延期したり、最悪の場合断念せざるを得ないケースも少ないながら存在します。

そのような理由から、IPOができる内実を持った企業でも、トレードセールにしたほうが、企業価値が高く評価されることもあるのです。

もちろん、二段階目をどのような形で目指すのかは、最初のM&Aの検討段階で売り手と買い手との間で話し合われて方向性は決められるでしょう。創業者や会社の意向が無視されるということはあり得ません。

しかし、それから数年の時間が経てば、社内外の状況が大きく変わることはよくあります。その場合は、その時点での最適な方法が、再度検討されるということです。

なお、トレードセールの売却先としては、大きくわけて、①事業会社、②ＰＥファンド、③ＭＢＯ（Management Buy-Out）、の３パターンがあります。

①事業会社が売却先の場合、先に事業会社が買い手となるケースの項目で説明した内容と同様になります。

②ＰＥファンドへの売却の場合ですが、ＰＥファンドにも得意分野があります。対象とする企業の規模でいうと、企業価値が数十億円の（ファンドが扱うなかでは）比較的小規模な会社をグロースさせることが得意なＰＥファンドもあれば、１００億円以上の中規模企業を運営することが得意なファンド、さらに、１０００億円を超える大企業を主に扱うＰＥファンドなどがあります。最初のM&Aで前者のようなファンドがハンズオンしてある程度の規模まで育ててバリューアップしたあとに、後者のようなファンドにバトンタッチしてさらなる成長を目指すことは、企業にとっても合理的な選択だといえます。

③ＭＢＯは、対象企業の役員がＰＥファンドから株式を買い取って経営支配権を得ることです。よくあるのが、M&A前からの役員が、ファンドの保有期間に社長に就いて経営実務を担って力を付け、ファンドのイグジット時に金融機関の支援を得ながらファンドから株式を買い取って支配株主になるというケースです。

成長戦略型段階的M&Aのデメリット、注意点など

段階的M&Aにはデメリットや注意点もあります。これまでの説明中で触れているものもありますが、本章の最後にまとめて確認しておきます。

まず、M&Aのプロセスを経ずに、自社だけでIPOを実現させられるなら、そのほうが創業者利益は多くなる可能性があります。絶対にIPOをしたいと考えている経営者であるなら、PEファンドの保有後の出口が、必ずしもIPOとはならない点や、事業会社にM&Aをしてしまうと自社のIPOは困難になる点にも注意が必要です。

また、M&Aの時点では通常、複数の事業会社やPEファンドが候補として現れます。それらの買い手が本当に自社を成長させてくれるのか、よく見極めることも大切です。買い手企業にもそれぞれ特徴があり、経営に積極的に関与して成長を強く支援する買い手企業もあれば、あまり強い関与はせず、経営陣の自主性にまかせるという態度の買い手もあります。

創業者として得られる条件面（譲渡価格など）ばかりに注目するのではなく、買い手がM&Aにおいて何を大切な理念と考えているのか、成長のために具体的に何をしてくれるのかなど、内実をしっかり見極めることが非常に重要になります。

第3章

M&Aプレイヤーとして存在感を増している「PEファンド」——

成長戦略型段階的M&AでPEファンドが果たす役割

そもそもファンドとは

第2章で説明したとおり、段階的M&Aでは、買い手がPEファンドの場合もあれば事業会社の場合もあります。ただし将来、自社単独でのIPOを目指すのであれば、IPOを得意とするPEファンドへのM&Aが合理的です。

しかし、PEファンドによるM&Aは、日本でのM&A件数全体に占める割合としてはまだまだ少数派です。事業会社が他社を買収して子会社化する一般的なM&Aならばイメージはつかめるけれど、PEファンドによるM&Aといわれてもよくわからないという方も多いでしょう。

また、ファンドについて、単に右から左に会社を転がして利ざやを抜く〝転売屋〟、あるいは、冷酷なリストラにより利益追求だけを求める〝コストカッター〟など、良からぬイメージを抱いていたり、怖いものだと思ったりしている経営者の方も少なくありません。

さらには、一口に「ファンド」といっても、PEファンド以外にバイアウトファンド、ベンチャーファンド、アクティビストファンド、ヘッジファンド、さらには再生ファンドなど、さまざまな名前を見聞きするので、違いがよくわからないといった方もいるでしょう。

そこで本章では、ファンドの一般的な知識を確認したうえで、段階的M&Aに登場するPEファンドについて、その組織の内実やビジネスの仕組み、役割などを解説していきます。

図表３-１　ファンドの概念図

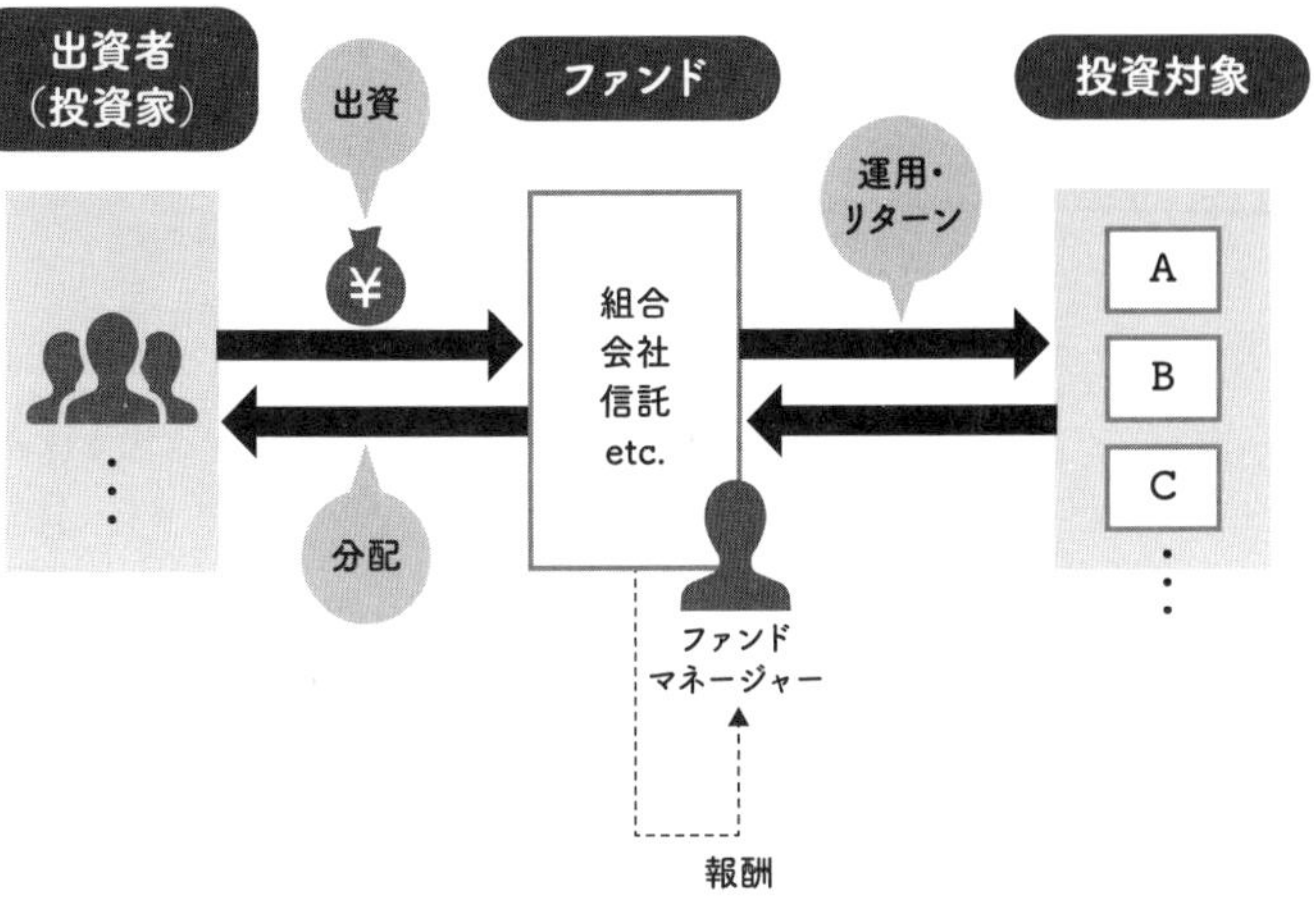

ファンドは、英語で「ＦＵＮＤ」と書きます。一般的な日本語では「基金」や「資金」と訳され、何らかの運用に充てられるまとまったお金のことを表します。

また「他者からお金を集めて基金（ファンド）化し、それを何らかの対象に投資して運用し、得られた収益を最初の出資者に分配する仕組み」のことを「投資ファンド」または単に「ファンド」と呼びます。さらには、投資ファンドのビジネスを運営する企業（ファンド会社）を、略して「ファンド」と呼ぶこともあるので、文脈によって「ファンド」という語が何を指しているのか判断しなければなりません。

さて、一般的な投資ファンドの基本的な成り立ちは、図表３－１のようになっています。

まず、投資としてお金を出す出資者がいます。出資者から集められたお金が、ファンド（基金）となります。ファンドをおいておくための〝容《い》れ物〟としては、信託や投資組合、あるいは会社が用いられます。

ファンドを実際に投資・運用する主体がファンド会社であり、ファンド会社に所属するファンドマネージャーです。そして、運用から得られた収益は、ファンド会社の取り分として一定の経費や報酬が差し引かれ、残りが出資者に分配されます。

このようなファンドを組むことにより、

①出資者にとっては、自分で直接対象に投資をしなくても、投資収益の機会が得られる。
②投資対象にとっては、融資ではなく出資として資金（リスクマネー）を集められる（返済の義務がない）。
③ファンド会社（ファンドマネージャー）は、ファンドビジネスにより手数料収入や成功報酬を得られる。

という三者三様のメリットが生まれます。ただし、ファンドへの出資は投資なので、出資者が期待した収益が得られず出資元本が毀損するリスクもあります。これはファンドから企業などへの投資も同様です。それを承知のうえで出資される資金をリスクマネーと呼びます。

投資ファンドの種類

投資ファンドにはさまざまな分類方法があります。

投資型ファンドと事業型ファンド

ファンドは、まず金融商品などに投資する「投資型ファンド」と、共同事業に投資する「事業型ファンド」に分類されます。

事業型ファンドは映画を製作する場合の映画ファンド（○○製作委員会などとして組織される）などが有名ですが、本書のテーマからは外れるので説明は省きます。

投資型ファンドは、さらに、上場株式をはじめとした市場性がある対象に投資するファンドと、非上場企業に投資するファンドとにわけられます。

市場性がある対象に投資するファンド

前者の代表としては「投資信託」があります。公募により広く一般の投資家から資金を集めて（販売して）、株式や債券など市場で流通している対象に投資をする金融商品で、証券会社などで販売している「○○株式インデックスファンド」などです。

また、ジョージ・ソロス氏などで有名になった「ヘッジファンド」も、基本的には市場性のある投資商品（株式、債券、通貨、コモディティなど）に投資をするファンドです。公募である投資信託と異なり、私募（限られた人しか買えない）である点がヘッジファンドの特徴です。

非上場企業に投資するファンド

非上場企業の株式のことを、英語で「プライベート・エクイティ：Private Equity」といいます。そこで、非上場企業に出資するファンドの総称として「プライベート・エクイティ・ファンド」（略して「ＰＥファンド」）と呼ばれます。ただし、これは「広義のＰＥファンド」で、狭義では、その一種であるバイアウトファンドを指して「ＰＥファンド」と呼ぶのが普通です。

バイアウトファンド（狭義のＰＥファンド）

企業の株式のマジョリティ（過半数）を取得して経営支配権を確保したうえで、経営に関与して企業価値向上を目指すのがバイアウトファンドです（ファンド会社によっては例外的にマイノリティ投資をすることもあります）。英語のバイアウト（Buyout）は、ずばり「買収」という意味であり、日本語にすれば「企業買収ファンド」となります。「企業買収」と書くと、かなり〝えぐい〟印象になりますが、詳細は後述しますが、実際には買って好き勝手にするというようなものではありません。企業と友好的なパートナーシップを結び、資金提供やさまざまなハンズオン施策を実施し、互いに協力しながら企業価値を高めていき、最終的にイグジットをする（あるいは株主として保有を続ける）のが、バイアウトファンドの事業内容です。

すでに述べたように、単に「ＰＥファンド」というときは、通常、狭義でバイアウトファンドのことを指します。本書でも、断りなく「ＰＥファンド」と書いている場合は、バイアウトファンドを意味していることにご留意ください。

ベンチャーファンド

「ベンチャーファンド」（あるいは「ベンチャーキャピタルファンド」）も、非公開企業のエクイティに出資をするという点では、広義のＰＥファンドの一種です。

しかし、ベンチャーファンドとバイアウトファンドとでは投資対象も投資目的も異なります。ベンチャーファンドは、創業から間もなく、新規市場での事業において将来の高い成長が見込めるスタートアップ企業に投資をします。また、株式のマイノリティ（数％〜20％程度）にしか出資をせず、経営支配権を獲得しません。そのため、基本的に経営への関与（ハンズオン）は、バイアウトファンドに比べると少なくなります。これが、バイアウトファンドとの大きな違いです。ベンチャーファンドはベンチャーキャピタル（ＶＣ）が運用するファンドですが、ＶＣと狭義のＰＥファンドとの違いについては、あとで詳しく説明します。

図表3-2　企業のライフサイクルとPEファンドの種類

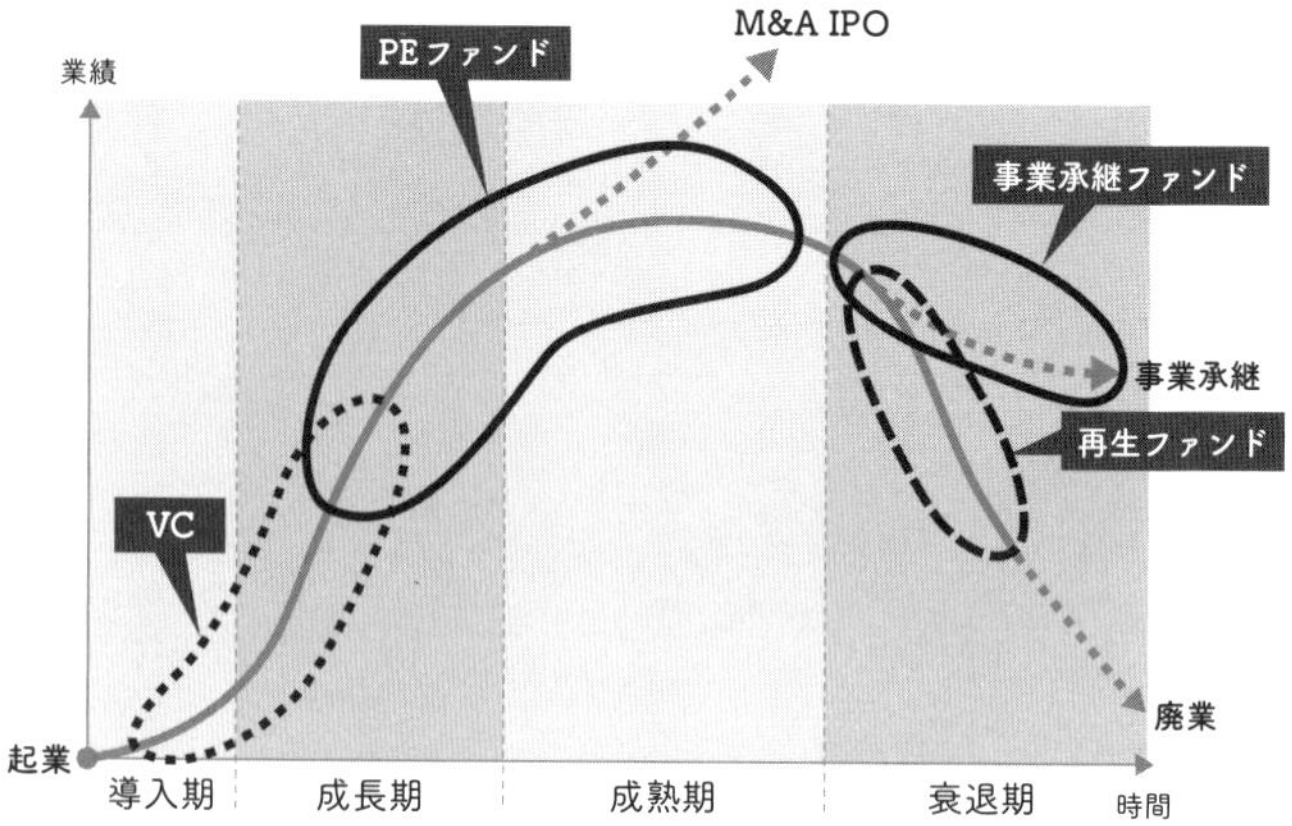

再生ファンド

「再生ファンド」（「企業再生ファンド」）また は「事業再生ファンド」）も、非上場企業のエクイティに出資するファンドですが、こちらはその名のとおり、経営不振企業の再生に特化したファンドです。出資した資金で財務を改善するとともに、企業再生の専門家を投じて、経営に関与しながら不振企業の立て直しを図ります。株式のマジョリティを得て経営に深く関与するという意味では、バイアウトファンドと似ていますが、バイアウトファンドが基本的に成長期あるいは成熟期の企業を対象としているのに対して、再生ファンドは衰退期あるいは経営破綻した企業を対象としているという違いがあります。

さらに、後継者不足などの事業承継問題を抱えた企業への出資に特化した「事業承継ファンド」も、最近は増えています。

第1章でも示した企業のライフサイクルと広義のＰＥファンドとの対応関係は、図表3－2のようになります。

アクティビストファンド

本書のテーマとは直接関係ありませんが、「アクティビストファンド」も名前はよく聞かれると思いますので、説明しておきます。

アクティビストファンドは、上場企業の株式の一定数以上を市場で買い、株主として、株主利益を最大化する経営の実施を企業（経営者）に対して要求する投資ファンドです。例えば、多額の現預金を長年使わずに内部留保としてため込んでいるだけの企業に対して、増配や自社株買いなどの株主還元を要求するといった具合です。あるいは、よりアグレッシブに事業上の提案や取締役の選解任人事の提案を行うこともあります。それらの施策が実現されて株価が上昇すれば、市場で株式を売却してキャピタルゲインを得ます。「物言う株主」とも呼ばれ、日本ではかつて村上世彰氏が主導した「村上ファンド」が有名です。

PEファンドのビジネス

PEファンドのビジネスは、資金調達（ファンドレイズ）→投資案件探し（ソーシング）→M&Aなどの投資実行（エグゼキューション）→運用（バリューアップ）→投資回収（イグジット）→出資者への分配、という流れで行われるのが基本です。

ファンドレイズとファンド組織

ファンド会社などが新しいファンドを組成する際には、まず投資家に出資を募ります。出資者は、保険会社、年金基金、信託銀行などのいわゆる機関投資家のほか、民間銀行、政府系金融機関（公的資金）、一般企業、さらには個人投資家までさまざまです。そういった出資者から出資を集めてファンドを組成することを「ファンドレイズ」といいます。

ファンドの運営組織には、投資事業有限責任組合が用いられることが一般的です。投資事業有限責任組合は、自らも出資しながらファンドの管理・運用を担当し、全責任を無限に負う無限責任組合員（GP：General Partner）と、出資のみを行う有限責任組合員（LP：Limited Partner）とで組織されます。無限責任組合員がファンド会社、有限責任組合員が出資者というわけです。

GPはLPからの出資金を運用するだけでなく、自分でも多少の出資をします（ファンド総

図表3-3　ファンドの組成と投資

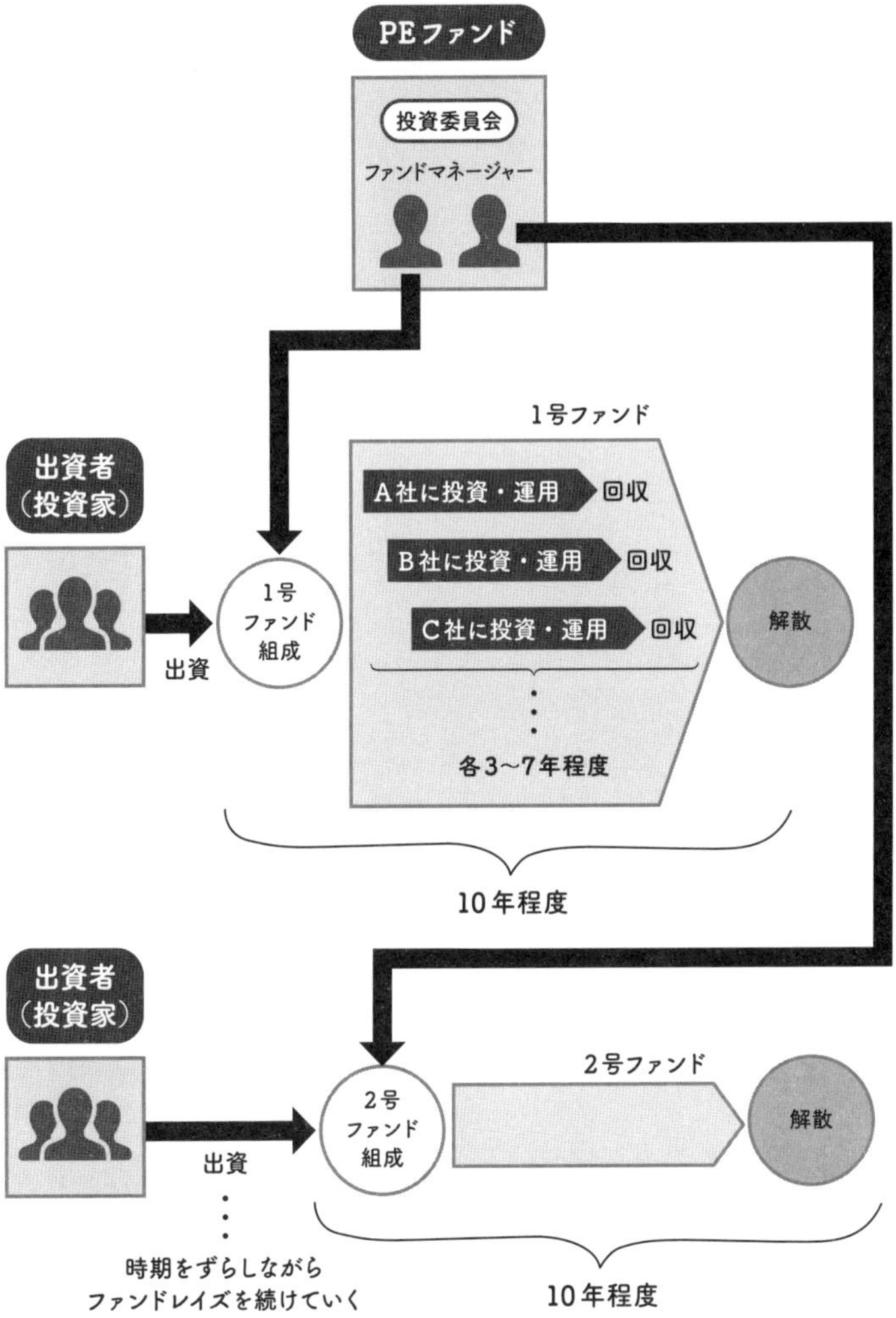

額の1％程度）。そして、もし運用の失敗により損失が生じた場合（例えば出資した会社が倒産した場合）には、自らの出資額以上の責任を負います。一方、LPは最大でも出資した金額を失うだけであり、出資金額を超える負担をする責任はありません。出資者の責任が限定されていること、また、課税上のメリット（パススルー課税）などから、PEファンドでは投資事業有限責任組合の組織が用いられることが一般的です（他の組合形式のこともあります）。

なお、ファンド会社は、一般的に1号ファンド、2号ファンド……、という具合に複数のファンドを段階的に組成して運営しますが、そのたびに、別々の投資事業有限責任組合を組織します。そして、ファンドごとに複数の企業に投資・運用をして、収益を上げていきます（図表3－3）。

PEファンドのパフォーマンスを測るハードルレートと内部収益率（IRR）

ファンドレイズの際に、ファンド会社は出資者に対して、「最低でもこれくらいの収益を目指します」という収益水準を示します。これを「ハードルレート」といいます。ハードルレートは、出資者が期待する投資収益率（年利回り）であり、PEファンド会社から示す投資家へのコミット（約束）でもあります。どれくらいのハードルレートが設定されるのかは、ファンド会社の考え方、ファンドの性格によっても異なりますが、多くは10～20％の範囲でしょう。

仮に5年間の運用期間で、ハードルレートが20％だとすると、投資資金を5年間で約2・5倍に増やすことをコミットするということです。

なお、実際には、ハードルレートや、投資パフォーマンスは「内部収益率」という指標により測られます。

内部収益率（ＩＲＲ：Internal Rate of Return）とは、「投資から得られる将来キャッシュフロー総額の現在価値が、投資金額の現在価値と等しくなる割引率」と定義され、簡単にいえば「時間価値を考慮して現在価値に割り引いたキャッシュフロー利回り」です。時間価値を考慮しているというのは、投資によって同じ金額のキャッシュが得られるにしても、より近い将来に生じた（短期間で得られる）キャッシュのほうが価値が高くなるということです。やや難しいかもしれませんが、この点だけは押さえておいてください。なお、現在価値という考え方については、第４章の企業価値の項目で説明します。

また、多少の差はありますが、ざっくり「利回り」だとイメージしていただいても、大きな問題はありません。

ＰＥファンドは投資対象の価値最大化を図る

ここで、ＰＥファンドが投資対象企業の価値を最大限に高めようとする理由を、ファンドにとってのインセンティブという点から確認します。

ＰＥファンド会社の、または運用を担当するファンドマネージャー個人の、過去の投資案件における実績数値を「トラックレコード」といいます。トラックレコードはファンドへの出資希望者から参照され、特別な理由もないのにパフォーマンスが低いファンド会社やファンドマネージャーには、資金が集まりにくくなります。

また、ＰＥファンド会社が受け取る報酬は、定額の管理報酬と、不定額の成功報酬とで構成されます。管理報酬はファンド総額または投資残高に対して年額1～2％程度の金額です。一方、成功報酬は、投資から最終的に得られた利益（キャピタルゲイン）から経費を除いた純利益金額の20％程度となるのが一般的です。ただし通常は、ファンドレイズ時に示したハードルレートを、内部収益率が上回らなければ成功報酬は発生しません。出資者に約束した成果が出せなければ、失敗とみなされ成功報酬は受け取れないのです。

さらに、ＰＥファンド会社は、ファンドに対して自らも自己資金で出資していることから、ＬＰと利害が一致しています。これらの要素によって、ＰＥファンドは投資パフォーマンスを最大限に高めようとするインセンティブが生じます。そのため、ＰＥファンドは、あとで述べるようなさまざまなハンズオン施策を「自分ごと」として真剣に実施してＭ＆Ａした企業の価値を最大限高めようとするわけです。別の言い方をするなら、ファンドが買収企業の価値を向上させるのは、たまたまそうなるのではなく、ファンドビジネスに内在している本質的な要素だということです。

ＰＥファンドは〝儲け主義〟か？

ＰＥファンドは、投資収益の最大化の観点から投資対象の企業価値の最大化を図る、あるいは、ＰＥファンドが投資をすればほぼ間違いなく企業価値を高められると聞いたとき、「それはＰＥファンド自身の経済的利益だけを追求するような、いわゆる〝儲け主義〟の姿勢で投資運用・ハンズオンを行うためではないか」という疑念を持たれる方がいるかもしれません。

実際のところ、ＰＥファンドにもさまざまな会社があるので、なかにはそういう姿勢に傾くＰＥファンドが絶対ないとはいえません（そういう悪質なファンドをあらかじめ排除することも、Ｍ&Ａ仲介会社の大切な役割です）。

しかし、ほとんどのＰＥファンドは、創業者や会社の意向に反して強引な利益追求をするような〝儲け主義〟の行動は取りません。なぜなら、１回だけしか投資をしないのなら別ですが、会社として長くＰＥファンドビジネスを続けていくうえでは、業界内外でのレピュテーション（評判、評価）が非常に重要になるからです。

レピュテーションリスクの一つは、売り手企業から批判が出るような評判の悪いＰＥファンドは、Ｍ&Ａ仲介会社や金融機関などが、売り手に紹介しにくくなるという点にあります。そんなことをすれば、紹介したM&A仲介会社や金融機関などに悪評が立つためです。

もう1点、さらに大きいのが出資者からの評価です。

PEファンドへの出資者の中核である機関投資家は、PEファンドの評価にあたって、投資パフォーマンスとともに、スチュワードシップ責任を果たしているかどうかを重視していきます。第1章でも触れた金融庁のスチュワードシップ・コードによれば、スチュワードシップ責任とは、

「機関投資家が、投資先企業やその事業環境等に関する深い理解のほか運用戦略に応じたサステナビリティの考慮に基づく建設的な「目的を持った対話」(エンゲージメント)などを通じて、当該企業の企業価値の向上や持続的成長を促すことにより、「顧客・受益者」の中長期的な投資リターンの拡大を図る責任」


と定義されています(『「責任ある機関投資家」の諸原則』《日本版スチュワードシップ・コード》2020年再改訂版、金融庁)。

平たくいえば、投資先の企業としっかり対話をしながら持続的成長を図るために投資をしなければならない、ということです。スチュワードシップ・コードは法的な義務ではありませんが、機関投資家は重視すべき指針と捉えています。そのため、企業との対話や協調なしで、一

方的に自社の利益だけを追求する〝儲け主義〟だと評価されるＰＥファンドには、機関投資家は出資しにくくなります。

ＰＥファンドにとっては、強引な〝儲け主義〟により仮に一時的に利益を増やすことができたとしても、レピュテーションが悪化すれば、長い目で見たとき自分で自分の首を絞める結果となります。不適切で強引な利益追求をするより、投資先企業としっかり対話、協調をしながらハンズオン・バリューアップを行うほうが、ＰＥファンド自身にとっても最適な経済的合理的行動であり、ほとんどのＰＥファンドはそのような態度で企業に関与します。

ＰＥファンドは価値を向上させられる確信がある会社にしか投資をしない

ＰＥファンドが企業の意向を尊重し協調姿勢を取りながら、投資した企業の企業価値向上に非常に高い確率で成功するのは不思議だ、と感じられる方もいるかもしれません。それは不思議でもなんでもなく、ＰＥファンドは、あとで述べる「企業概要書」などの詳細資料を確認したうえで、価値を向上させられることに高い確信が持てる企業にしか投資をしないためです。

例えば、ビジネスモデルは優れているのに、オペレーションに難点があるために成長性が鈍化しているような企業は、そこを改善すれば大きく成長する「伸びしろ」があるといえます。

また、チェーン店などの店舗型ビジネスなら、店舗をどれだけ増やせば規模の経済によってどれだけ仕入コストが下がり、どれだけ収益性が向上するか、ある程度予測できます。

ほかにもいろいろな観点から企業をチェックし、高い確度で企業価値向上が実現できると判断される企業にのみ、ＰＥファンドは投資をするのです。

ＰＥファンドが用いるＬＢＯ（レバレッジド・バイアウト）スキームとは

ＰＥファンドの組成において、投資事業有限責任組合がファンド（基金）の帰属する主体となることを説明しましたが、ではその投資組合が企業に対して直接投資を実行しているのかといえばそうではなく、ほとんどの場合、投資ごとにＳＰＣ（Special Purpose Company：特定目的会社）と呼ばれる会社が設立され、組合とＳＰＣとの間で資金運用と収益分配の契約が交わされます。ＳＰＣというクッションを挟むことにより、ファンドの資金をより効率的に利用できる、ＬＢＯ（Leveraged Buyout：レバレッジド・バイアウト）スキームが実行可能になるためです。

ＬＢＯスキームとは、Ｍ＆Ａの対象企業（売り手企業）が持つ純資産や収益力（予測将来キャッシュフロー）を信用力として、ＰＥファンドが金融機関から資金調達をして、買収資金にする方法です。

数値例で見てみましょう。

今仮にA社が、借入も現預金もなく、企業価値＝株主価値が１００億円だとします（ここでは単純化のため、営業権による「のれん」は発生しないものとします。企業価値やのれんについては、第4章で説明します）。

そして、創業社長のＰ氏が保有株式の80％を80億円でＰＥファンドに売却します。このとき、ＰＥファンドは30億円をＳＰＣに拠出し、これがＳＰＣの株主資本となります。次に、ＳＰＣは〝A社の収益力〟を根拠にして、銀行から50億円を借ります（ＰＥファンドの信用力を根拠にしているわけではない点に注意してください）。

この対象（企業）の収益力を裏付けとして行われる融資のことを「ノンリコースローン」といいます。ノンリコースローンは、もし返済できなくなった場合、対象資産の処分を超える返済は求められないことが特徴です。銀行には、ＬＢＯ専用のノンリコースローン商品が用意されているので、それを利用します（ノンリコースローン以外に、出資とローンの中間的性質を持つメザニンなどが用いられることもあります）。

そして、ＳＰＣはＰ氏の保有株式の80％を80億円で買います。

すると、ＳＰＣのＢ／Ｓ（貸借対照表）は、資産がA社株80億円で、負債が50億円、株主資本が30億円になります。一方、A社のＢ／Ｓはこの時点では変化しません。

次に、A社とＳＰＣとを合併させます。すると、合併後の新会社のＢ／Ｓは、総資産１００億円、負債50億円、株主資本50億円となります。そして、50億円の株主資本のうち、

図表3-4　LBOスキーム

①ファンド（投資組合）から出資をしてSPCを設立し、銀行から融資を受ける

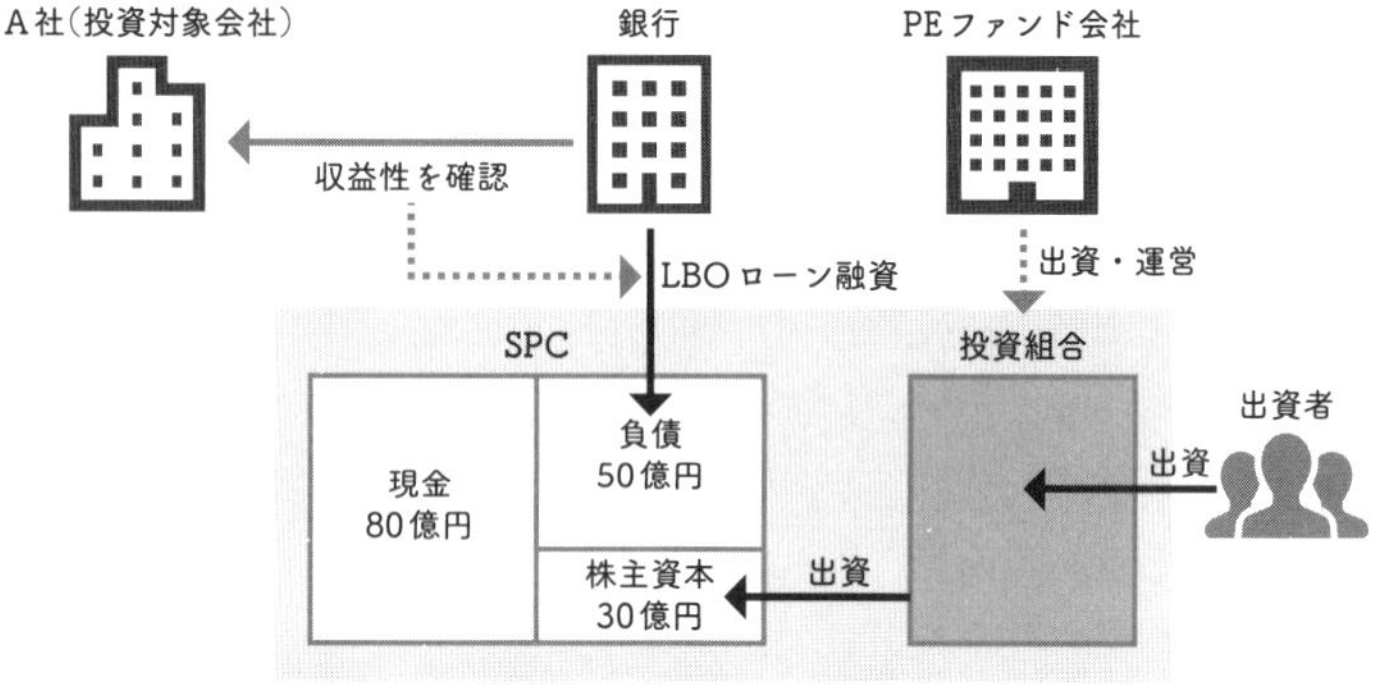

②SPCが創業者の保有株を買い取る

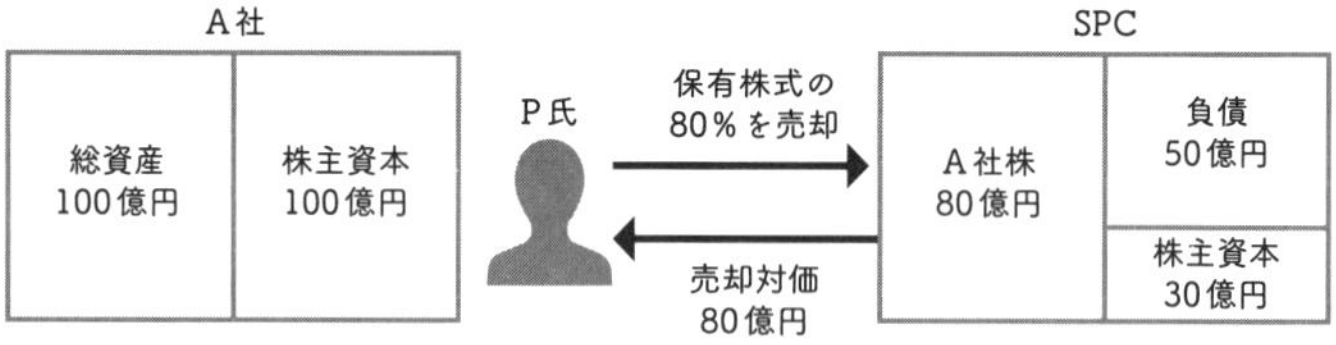

③投資対象会社とSPCを合併させる

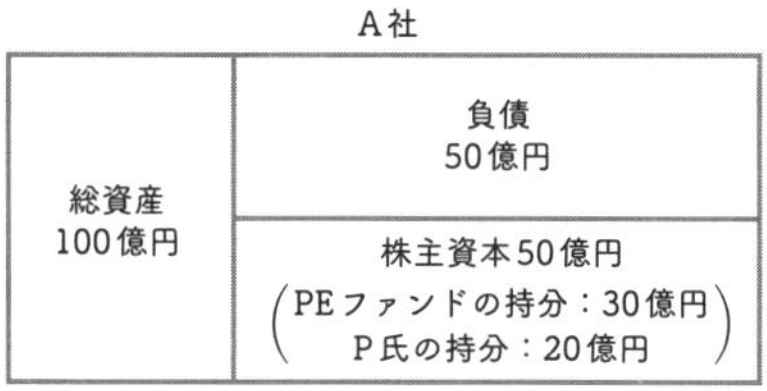

30億円がＰＥファンドの持分、20億円がＰ氏の持分ということになります。なお、合併後ＳＰＣは消滅します。

ここからあとは、第2章で説明した数値例と同じですが、5年後にA社の企業価値が２００億円、株主価値が１６０億円になった時点でイグジットをしたとします。ＰＥファンドの持分は１２８億円になっています。

ファンドが拠出してＳＰＣのエクイティとした30億円は、約３２７%増加（約４・27倍）しました。一方、A社の株主資本の増加は60%（１・６倍）です。つまり、融資を利用したことにより、ファンドの自己資金の増分割合が高くなっているのです。これが融資の利用による、いわゆる「レバレッジ効果」と呼ばれるものです。融資によるレバレッジ効果を活用しながら、効率的にバイアウトをするのが、ＬＢＯスキームというわけです。

また、Ｍ&Ａの実行後に、万一Ａ社が経営破綻するような事態になったとしても、ＬＢＯ融資の借入主体はA社に移っているのでＰＥファンドに融資返済義務はありません。つまり、ファンドの損失は最大でもエクイティとして拠出した30億円に限定されます。このように、レバレッジ効果により収益性を高められると同時に、リスクも限定できるのが、ＰＥファンドにとってのＬＢＯのメリットです。

LBOの利用により、買収価格の上限が上がる

LBOによって、PEファンドは買収時に支払える上限価格が上がります。これは売り手企業にとっては、M&Aが成立しやすくなる、あるいは、より高い譲渡価格で売却できる可能性が生じるメリットを意味します。念のため、簡単な数値例で確認しますが、数式が苦手な方は、「結論として……」の段落まで読み飛ばしていただいてもかまいません。

PEファンドがM&Aする場合の、譲渡価格の上限は、先に述べたハードルレートと予想される投資回収額から逆算して決めます。今、LBOを使わずにフルエクイティでM&Aする場合を仮定して、予想投資回収額、ハードルレート、想定運用期間（年数）が与えられているとします。すると、

予想投資回収額／（1＋年間利回り）^想定運用年数）　※年間利回り＝ハードルレート

がファンドが譲渡に対して支払える金額の限度、つまりM&Aの上限価格になります。予想投資回収額が100億円、ハードルレートが15％、想定運用期間が5年だとすると、

100億円／（1＋0・15）^5≒49・7億円＝上限価格

です。

ここで、価格上限Xと、利回りYとには、次のような関係が成り立ちます。

100億円／（1＋Y↓）＾5≒X↑　※↓は下落、↑は上昇を示す。

買収価格を高くすれば、その分利回りを下げなければならないという、当たり前のことが示されます。ところが、Y＝利回りは、ハードルレートとして下限が決められているため、必然的にXの上限も決められるというわけです。

この数値例の場合は、売り手が例えば80億円での譲渡を希望しても、このままでは実現しません。

しかし、ここでLBO融資（デッド）を導入すれば、先に述べたレバレッジ効果により、上限価格の計算が変わってきます。今度は、

予想投資回収額／（1＋年間利回り）＾運用年数）×［エクイティ／（デッド＋エクイティ）］

が上限価格になります。仮にデッド：エクイティ比率が2：1だとすると、

100億円／（1＋0・15）＾5×［1／（2＋1）］≒149・1億円

が上限価格になります。

結論として、LBOによって投資効率が上がり、PEファンドが買収できる上限価格が引き上げられるため、実際の譲渡価格決定の範囲が広がるのです。もちろん、これは単に出せる金額の最大額が増えるということであり、譲渡価格決定のロジックはまた別にあります（第4章

で説明します）。財布に1万円しかなければ1万円のものまでしか買えないけれど、クレジットカードを使えば2万円のものでも買えます。だからといって、1万円でしかないものをクレジットカードで2万円払って買うことはないということです。

しかし、LBOによって、より高く売れる「可能性」が広がることは間違いありません。

なお、LBO融資を受ける場合、もしA社に既存の借入があったとしてもリファイナンス（既存借入の返済）されて、LBO融資に一本化されます。その過程で、創業者P氏の保証債務も外されます。これも、創業者にとってはメリットとなるでしょう。

売り手企業にとってのLBO融資の注意点

LBOはあくまで効率化のためのスキームなので、それを利用しない形（ファンドのフルエクイティでの出資）でのM&Aも、理屈上はあり得ます。しかし、出資者からの資金を最大限に効率よく増やして分配することがPEファンド会社の使命なので、実際上は、LBOスキームが用いられることがほぼ必須だといえます。

つまり現実的には、LBOを利用するかしないかをM&Aの売り手が選択できるといった類いのものではないということです。

それでも、売り手企業がLBOスキームの注意点やデメリットを含めてよく理解しておくことは、M&A時における企業価値評価（譲渡価格決定）の理解やPEファンドとの交渉時においても有益だと思われます。

最初の注意点は、ＬＢＯ融資はM&Aの対象企業（先の例ならA社）の融資となり、対象企業が返済義務を負う点です。ＬＢＯスキームのレバレッジ倍率（ＳＰＣの融資／株主資本の比率）は2～3倍程度になることが多いですが、その場合、対象企業のＢ／Ｓ上、自己資本比率は50％以下になります。そして、ＬＢＯ融資の利息も支払わなければならないため、税引前利益ベースでの収益力への悪影響も多少は生じます。

一般論として多額の融資を受けることにはリスクが伴います。業績が順調に拡大しているときにはまったく問題になりませんが、例えば新型コロナウイルス感染症拡大などの外的ショックにより、売上が急減した場合などは、金利負担が重く感じられるようになるかもしれません。

2点目は、ＬＢＯ融資では、対象企業をモニタリングしたり、経営上の一定の行為を制限したりする〝縛り〟が多いという点です。それは、通常の運転資金や設備投資資金の融資契約などにはあまり登場しない「コベナンツ条項」となって、ＬＢＯ融資契約に現れます。コベナンツとは、貸し手が借り手に対して一定の制約や義務を課すことです。

例えば、ＬＢＯ融資以外の他金融機関からの追加借入、株主への配当、株主の変更、多額の設備投資、などを行うことが禁じられて、もしそれらを実行したい場合は、事前の相談が求められるといったことがあります。

また、財務状況について、DSCR（デッド・サービス・カバレッジ・レシオ＝フリーキャッシュフローと「支払金利＋元金返済額」の比率）、レバレッジ・レシオ（有利子負債／EBITDAの比率）、最低純資産額などの指標数値が定められて定期的にモニタリングされ、一定の水準をクリアしていることを求められます。

もしコベナンツ条項で定められた内容に反した場合、融資残高を一括返済しなければならない契約になります（現実的に、軽微な契約違反で一括返済が求められるかどうかは別ですが）。

LBO融資は、対象企業の純資産と将来収益力を信用力として実行されるものなので、その点に変化が生じていないかを金融機関がモニタリングしたり、その維持のための制約を求めたりすることは、ある意味で当然です。

しかし、それが経営上の自由度をある程度狭める枷《かせ》となることは知っておいたほうがいいです。

3点目は、「のれん」計上の問題です。LBOスキームは、SPCを用いて融資を受け、その後合併するという建て付けですが、その際、買収価格のうち純資産額を上回っている部分が、のれん代として合併後のB／Sに計上されることになります。先の例では、話を単純化するため、のれんが発生しない想定で説明しましたが、実際はのれんが発生することが普通です。のれんは会計上、将来償却により費用化するか（会計基準が日本基準の場合）、必要に応じて減損処理するか（ＩＦＲＳ：国際会計基準の場合）しなければなりません。そのため、将来の損益上の負担となる可能性があります。

以上のようなＬＢＯローンの注意点を理解したうえで、実際のＭ＆Ａの交渉過程においては、その融資水準が適切かどうかは、売り手が検討すべき課題の一つになります。

ＰＥファンドが行うハンズオンとはどんなものか

これまでにも、ＰＥファンドのハンズオン（経営関与）という言葉がたびたび登場し、断片的にはその内容に触れてきました。

ＰＥファンドに限らず事業会社が買い手となった場合も同じですが、対象企業を成長させ、企業価値を向上させるため経営に関与し、さまざまな経営施策を実施することを「ハンズオン」と呼びます。

一般的に、成長戦略型Ｍ＆Ａにおいては、買い手が経営のパートナーとして、どんなハンズオン施策を講じてくれるのかが買い手とのマッチングにおいて最も重要な検討ポイントの一つになります。特に、事業会社が買い手となるＭ＆Ａと違って、ＰＥファンドが買い手の場合は直接的な事業シナジーが見込めないため、ハンズオン施策の内実をしっかり確認する必要があります。

当然ながら、ハンズオンはＰＥファンドが単独でなにかを行ったり、会社に対して一方的に指示を与えたりするようなものではありません。対象企業の現状、目指す将来像、経営者の考え方などを踏まえつつ、その強みを伸ばし弱みを補完していくような経営施策を、現経営陣と協力しながら実施していくものです。

代表的な施策には、次のようなものがあります。

①戦略系施策

経営戦略に関するものとしては、中期経営計画や組織再編プランの策定、企業ブランド強化・再構築、事業提携、Ｍ＆Ａ（他社買収）による事業ポートフォリオの拡大支援などが挙げられます。

また、事業戦略レベルにおいても、グローバル展開、マーケティング戦略、顧客の紹介など多様な支援が受けられます。

さらに、これらの施策の実行支援として定期的な経営モニタリングによる評価・最適化もなされます。

なお、実際の人的関与のスタイルとしては、ＰＥファンドのスタッフが取締役や社外取締役に就任して、経営会議や取締役会議に参加していく場合もあれば、外部のコンサルタントなどが招聘される場合もあります。

②人材系施策

経営幹部クラス、マネジメントクラスで不足する人材を補完します。例えば、ＩＰＯを目指すのであれば、ＩＰＯ経験のあるＣＦＯや、内部統制を担当する法務系人材を取締役として招聘したり、あるいは監査役となる人材を補完したりといったことです。創業者が経営からの引退を望み、社内に後継者が見つからない場合などは、経営者（ＣＥＯ）を招き入れるケースもあります。

また、マーケティングが弱いなら、マーケティングに長《た》けた人物を外部から招聘して事業部長に就任させるといった、管理職クラスの人材補完も必要に応じて行われます。ＰＥファンドが適切な人材を招聘し、補完できるのは、それまでの投資活動からさまざまな人的ネットワークが構築されていることが理由の一つですが、それだけではありません。

通常、非上場の中堅企業が、会社の成長の礎になるような経営幹部やマネジメントクラスの優れた人材を中途採用することは、なかなかできません。それは待遇の問題だけではなく、人材が優秀になればなるほど「その会社のビジョンやミッションを信頼・共感できるか」「そこで仕事をすることで自分がビジネスパーソンとして成長できるか」などを入社の判断基準とするためです。その点で、ＰＥファンドが参画しＩＰＯを目指しているとなれば、会社の成長ビジョンのうえでも、自分のキャリア形成のうえでも条件にかなうと考えられるため、自社単独ではなしえなかった優秀な人材の確保が可能になるのです。

なお、人材の補完とは違いますが、ＩＰＯの実績が豊富なＰＥファンドであれば、その準備に必要な監査法人、法律事務所、証券会社などとのリレーションもありますので、適宜紹介を受けることができます。

③ファイナンス系施策

これにはまず、成長のための資金提供があります。典型的なものでは、成長のためのＭ＆Ａ（買収）を図る際にＰＥファンドが資金提供をするといったことです。

また、株主価値向上のためには資本効率の向上が欠かせませんが、やみくもに財務レバレッジを効かせると財務リスクも高まるため、ＰＥファンドが適切な財務戦略、資本戦略への助言を行います。

さらに、ＩＰＯを目指すうえでは、創業者利益、ストックオプションによる社員への還元、敵対的買収防止策の導入など、さまざまな観点に配慮した資本政策が求められます。適切な資本政策の助言や立案も、ＩＰＯ実績が豊富なＰＥファンドなら、得意とするところです。

④バックオフィス・オペレーション系施策

一般的に、中堅企業は経理、法務、人事総務など、管理部門が弱く、その強化は欠かせません。また、業務系のオペレーション効率向上のためのシステム導入なども必要になります。製造業などの場合は、品質管理体制の向上や各種認証も求められます。

これらのバックオフィス・オペレーション面での支援も行います。

ＰＥファンドの特徴や個性を見極めることが重要

ここでは典型的なハンズオン内容を網羅的に記載しましたが、実際には、一口に「ＰＥファンド」といっても会社によって、また、同じ会社でも担当者によって、ハンズオンに対する考え方も違えば、実行能力も異なります。

そもそも、投資対象とする会社もＰＥファンドによって異なります。

例えば株主価値の規模で、20～30億円程度まで、30～１００億円程度、１００～数１００億円、１０００億円以上などの区分ごとに、ＰＥファンドが対象とする、または得意としている企業規模が異なります。20億円規模の企業と、１００億円規模の企業、１０００億円規模の企業では、企業価値向上といってもその施策内容はかなり異なるものになるため、ある程度の専門化がなされているのです（豊富な人員を抱える巨大ファンド会社には幅広い対応をするところもあります）。

また、ＰＥファンドによっては特定業界・業種での実績が豊富で得意にしているといったこともあります。

ファンドへの出資者による性格の違いも影響します。例えば公的資金や機関投資家が主に出資するファンドでは、比較的保守的な運用がなされるとか、海外系の出資によるファンドでは、リスクを高めにとったアグレッシブな運用もできる、といった違いです。

さらに、イグジット手段として、ＩＰＯを主に考え、その実績も豊富なＰＥファンドもあれば、トレードセールを主としてきてＩＰＯの経験があまりないＰＥファンドもあるという具合に、イグジットに対する考え方も異なります。

一口にＰＥファンドといっても、その個性はとても多様であり、実施されるハンズオンに対する考え方も多様だということです。

では、あまり深くハンズオンをしないＰＥファンドがダメなのかといえば、そんなことはありません。深い経営関与をしないということは、その部分に掛けるＰＥファンド側のコストが少ないということです。その分、Ｍ＆Ａの譲渡価格を高く見積もるファンドもあります。それはそれでメリットがあることなので、要は売り手の目的に応じた選択が必要だということです。

Ｍ＆Ａの過程においては、通常は複数のＰＥファンドが買い手候補として名乗りを上げ、それぞれが「意向表明書」やトップ面談において、「私たちはこのような方針でバリューアップをしたい」という方針が提示されます。

その過程で「このファンドはどの程度のハンズオンをして、どうやってわが社を成長させてくれるのか」「どのような将来像を目指して支援してくれるのか」といった点を、相手ＰＥファンドに、またＭ＆Ａ仲介会社に対しても、十分に確認することが極めて重要なのです。

またその際には、ＰＥファンドのトラックレコード（過去にどのような会社をＭ＆Ａして、どのようにバリューアップして、どのようにイグジットをしたのか）を確認することも大切です。ＩＰＯを目指すのなら、過去に同規模の会社や同業種の会社のＩＰＯ成功事例が多いＰＥファンドであれば、経営パートナーとしての期待は高くなります。

ＰＥファンドによるＭ＆Ａと事業会社によるＭ＆Ａの違い

売り手の立場から見て、事業会社によるＭ＆ＡとＰＥファンドによるＭ＆Ａとでは、どんな違いがあるのでしょうか。ここでは成長戦略型Ｍ＆Ａを前提として考えてみます。

①Ｍ＆Ａの目的の違い

事業会社によるＭ＆Ａは、既存事業の垂直的・水平的拡大、事業シナジーの創出、あるいは新規分野進出による事業ポートフォリオの拡張（多角化）などによる、買い手企業グループの企業価値向上が目的となります。もちろん、買収された売り手企業も、買い手企業グループの一員となるので、その点から企業価値向上が図られます。

一方、PEファンドによるM&Aの目的は、ほとんどの場合、イグジットによる投資収益の獲得です。投資収益獲得のために、PEファンドは対象企業の企業価値を向上させます。

②企業価値向上プロセスと経営独立性の違い

事業会社も、PEファンドもどちらも、買収した企業の価値向上を目指すことには違いはありません。しかし価値向上のプロセスが異なります。

事業会社の場合は、事業シナジーや、相補効果、規模の経済性といった、主として2社が結び付くことによる効果によって企業価値向上を図ります。そのため、購買・生産・販売などの事業プロセスの統合、バックオフィス部門の統廃合などは、積極的に行われます。その過程で親会社主導による子会社人員の配置転換、企業文化の変容などが生じることもあります（極端な場合は、それによって、逆に子会社の競争優位性が損なわれてしまうような失敗事例も見られます）。

必ずそうなるとはいえませんが、子会社の経営の独立性が縮小する傾向はあるでしょう。もし将来的に吸収合併といったことになれば、当然ながら独立性は完全に失われます。

一方、PEファンドの場合は、事業会社が求めるような意味での、M&Aによる自社の企業価値向上という視点はありません。そのため、あくまで売り手企業の事業を成長させることで価値向上を図るための経営支援が行われます。

また、その支援も売り手企業の意向を無視して行われることはなく、経営の独立性は相対的に保たれやすいといえます。

③投資期間の違い

既述のとおり、ＰＥファンドの投資期間は5年程度が目安であり、早ければ3年、遅くても7、8年ほどでイグジットをすることが一般的です。イグジットは、ＩＰＯかトレードセールになりますが、トレードセールの場合は、どんな相手に売却されるのかという検討が生じます。売り手企業の意向を無視した売却ということは通常あり得ません（それは結局、人材流出などにつながり企業価値が毀損されるため）が、それでも「せっかくうまくいっているのに、また経営支配権者が替わるのか」という不安は生じるかもしれません。

ただし、近年はＰＥファンドが投資した企業のイグジットをせずに、10年以上の期間、ファンドが株主であり続けるケースも見られます。

事業会社によるＭ&Ａも、買い手にとっては投資行為ですが、事業統合によるグループ（買い手と売り手）全体の価値向上といった観点が重視されるため、ＰＥファンドのように「何年以内にイグジットして投資回収する」という考え方は、通常取られません。

もちろん、親会社の業績が不振になるなど、なんらかの理由で経営方針が変わった場合には、子会社が他社に譲渡されることはあり得ます。

④役員や社員の受け止め方の違い

段階的M&Aを想定している場合、PEファンドによるM&Aは、将来のIPOに向けて会社を成長させる手段であると理解され、また多くの場合、ストックオプションによる経済的インセンティブが与えられるため、既存の役員や社員はその事態をポジティブに受け止めることが普通です。企業ビジョンの達成と自己の成長に喜びを感じる、ポテンシャルの高い役員・社員ほど、その傾向が強くなります。

一方、事業会社によるM&Aの場合でも、特に相手が上場企業などの大企業であれば、そのグループ傘下に入ることは、ブランド価値向上や財務強化、ビジネスの可能性が広がるといった点で、歓迎する役員や社員が多いでしょう。しかし反面では、経営方針や成果も親会社の影響が強く反映されるようになり、また独自IPOの可能性はほぼなくなるので、その点に不満を感じる役員・社員が出てくる可能性はあります。

⑤バリュエーション（企業価値評価）の幅の違い

バリュエーションとは、M&Aに際して売り手企業の価値をどのように評価して、価格付けをするかということです。詳しくは第4章で説明しますが、これには標準的な算定理論が形成されています。PEファンドによるM&Aの場合、目的が投資収益という経済合理性に基づくものであり、また、PEファンドはそれを本業として数多くのM&Aを実施しているため、提示される買収価格が理論価格から大きく乖離することはありません。LBOの項目で説明したように、どう頑張ってもハードルレートを大きく下回ることになる価格では、買収できないのです。

一方、事業会社の場合、事業シナジー創出がM&Aの主な目的になります。シナジーの価値は、コストシナジーなど比較的定量的に計測しやすいものもありますが、ブランドシナジーなど計測しにくいものもあります。そのため、PEファンドに比べると、バリュエーションのブレ幅が、高いほうにも、低いほうにもやや大きくなる傾向が見られます。

また、買い手が上場企業である場合、B／Sに計上される「のれん」の償却の問題が発生します。

国内会計基準を用いている上場企業では、買収金額によっては、のれんの償却（費用化）が過大になるため、買収価格を上げることができないケースが、しばしば発生します。のれん償却の期間は、企業会計基準では最長20年間と定められていますが、上場企業の実務上はそこまで長い償却期間は設定できず、監査法人の考え方にもよりますが、5～10年程度で償却しなければならないことが一般的です。例えばのれんが営業利益の8倍相当額となる金額で買収した

図表3-5　PEファンド（広義）と事業会社のM&Aで期待できる効果

	PEファンド（広義）	事業会社
成長戦略型	・ハンズオン施策 ・IPO準備	・シナジー創出 ・補完関係による効率化
事業承継・再生型	・後継者探索 ・資金繰り	・サプライチェーン維持 ・雇用維持

場合で、のれんの償却期間が5年だったとしたら、シナジー効果がうまく発現せず、対象会社の営業利益が現状維持という結果であれば、買収から5年間はのれん償却費のほうが対象会社営業利益よりも大きくなり、その結果、連結営業利益は悪化します。そこだけ見ると〝赤字〟になるわけで、買収による利益押上げ効果と株価上昇を期待する上場企業にとって、これは好ましくない事態です。

また、IFRS（国際会計基準）を採用している場合は、のれん償却は不要ですが、適宜減損チェックをして、減損が認められれば減損処理をしなければなりません。これも、減益をまねくリスク要因です。

のれん処理については、やや専門的な話なので、ここで完全に理解できなくてもよいと思いますが、のれんの処理という理由から、上場企業ではＰＥファンドほど高い価格で買収できない場合があることは、押さえておいたほうがいいでしょう。

ＰＥファンドとベンチャーキャピタルの違い

ベンチャーキャピタル（ＶＣ）は、ベンチャー企業に投資をすることをビジネスとする会社です。ＶＣの出資は、直接出資で行われる場合もありますがファンドが組成されて出資されることが一般的です。以下ではそれらをまとめて「ＶＣ投資」と呼びます。

本章の最初でも触れましたが、ＶＣファンドも非上場企業への投資なので、広義のＰＥファンドの一種です。

では、段階的Ｍ&Ａで登場するようなＰＥファンドによる投資と、ＶＣ投資との違いはどこにあるのでしょうか。

①投資対象企業

ＶＣ投資の対象となるベンチャー企業は原則として、比較的に新規性が高い市場やプロダクトでビジネスを行い、将来のＩＰＯを目指している企業です。似た言葉で、シリコンバレー由来の「スタートアップ」も最近は一般的になりましたが、基本的にベンチャーと同じと考えてよいでしょう。

一般的に、ベンチャー企業の成長段階は、おおまかに「シード」「アーリー」「ミドル」「レイター」という区分で表され、レイターからＩＰＯを実現するというのが、理想的な成長路線だと考えられています。

ＶＣ投資は、この各段階で必要となる資金需要に対して、使途を限定した資金を出資します。ただし、シード期（プロダクトやサービスがまだ存在しないか、α版などの段階）に投資するＶＣは少なく、アーリー期（プロダクトやサービスのリリース後）から投資するのが一般的です。

企業のステージごとの資金調達は「投資ラウンド」と呼ばれ、「シリーズＡ」「シリーズＢ」「シリーズＣ」……という言葉で段階が表されます。「Ａ」「Ｂ」……は、単に順序を表しているだけでそれ自体に意味はありません。ＶＣは、シリーズＡでは１０００万円程度から出資し、ラウンドが進むごとに出資額を大きくしていきます。

一方、ＰＥファンドが対象とするのは、レイターステージ、またはレイターステージからＩＰＯをしないまま成熟期に至っている企業です。

ＰＥファンドも投資対象企業のＩＰＯイグジットを目指すことがありますが、必ずしもＩＰＯイグジットを目指す企業だけに出資するわけではありません。また、社歴が長い、ビジネスに新規性がないなど、ベンチャーとは呼べない伝統的なビジネスの企業にも、ＰＥファンドは投資します。

②投資スキーム

ＰＥファンドの投資は、創業者が保有する投資対象企業の株式を買い取る株式譲渡の形になることが一般的であり、譲渡対価は創業者に帰属します。この場合、「創業者から会社を譲り受ける」という意味合いが強くなります。

一方、ＶＣの投資では、投資対象企業が増資（新株を発行）して、それをＶＣが買い取る第三者割当増資を使います。この場合、対価は投資対象企業に帰属します。「会社に直接資金を入れる」という意味合いが強くなるということです。

この違いは、投資対象企業の成長段階の違いに対応していると考えるとよいでしょう。ＶＣが出資をする段階の投資対象企業は赤字である場合も多く、経営者抜きにその投資対象企業だけを買っても、ほとんど意味がないということです。

一方、ＰＥファンドが投資するのは、ハンズオンすることによって自律的に成長していける程度に事業や組織が出来上がっている会社ということになります。

③投資数と持分割合

VCは、出資後の株式持分が5～20％程度になる金額を投資します。そして、その比較的小さな金額を数多くの企業に出資するのが特徴です。

VC投資はIPOによるイグジットを目指し、それが実現すれば、投資収益は投資額の数十倍、ときには100倍以上になります。しかし、ベンチャー企業が、実際にIPOを実現できるケースはわずかです。逆に経営破綻してしまう企業も少なくありません。

つまり、VC投資とは薄く広く分散して投資をし、そのうちのいくつかが大きく育てばいい、というハイリスク・ハイリターン型の投資スタイルなのです。

一方、PEファンドは、原則として株式の過半数を取得します。ある程度の規模となっている企業が対象となるため、その買収金額は最低でも10億円程度から、高い場合は1000億円を超えることもあります。そして、投資対象企業の数は少なく、深い経営関与によって大半の投資において、企業価値を向上させてイグジットをします。

つまり、少数精鋭の選び抜かれた企業に対して、比較的大規模な投資を行い、ほぼ確実にリターンを得るのが、PEファンドの投資スタイルです。

④ハンズオンの程度

PEファンドのハンズオンについては、すでに説明しました。

ＶＣ投資の場合、もちろん会社や担当者による差はありますが、全般的には経営関与の度合いはＰＥファンドよりもかなり少なく、経営モニタリングや顧客紹介程度にとどまります。なかには、出資のみを行い、完全にハンズオフとする方針のＶＣもあります。

これは、ＶＣは投資している企業数が多く、かつ、一企業への投資金額が少ないため、一つひとつの企業に対してそれほどリソースを掛けられないことが理由です。また、ＶＣは株主資本の過半数を保有しないため、実際的な経営支配力も持ちません。

以上のように、同じ非上場企業への投資といっても、ＰＥファンドとＶＣとでは、目的や手法が大きく異なるのです。

なお、最近は大手企業が自らファンドを組成してベンチャーに出資する「コーポレート・ベンチャーキャピタル（ＣＶＣ）」もずいぶん増えています。ＣＶＣもＶＣであるため、投資のスキームや性格としては、ここで説明したＶＣと基本的には同様です。ただし、出資している企業本体との事業連携などが期待できるというメリットはあります。

ＰＥファンドとコンサルタントの違い

売り手企業にとって、ハンズオン施策による成長の実現が、ＰＥファンドによるＭ＆Ａから得られるメリットだとすると、経営コンサルタントとの違いはあるのでしょうか？

いわゆる戦略系の経営コンサルタント会社は、企業の成長や企業価値向上のサポートをうたっており、またＩＰＯ支援をメニューに掲げているコンサルタント会社もあります。

しかしそういったコンサルタント会社は、あくまで外部の立場からアドバイスをします。その一方、ＰＥファンドは自らの資金を出資しているステークホルダー、内部の利害関係者として経営に関与します。いわば、経営者と同じ責任を負いながら進めるのが、ＰＥファンドのハンズオンです。

もちろん、外部関係者だからといってコンサルタント会社がいいかげんなコンサルティングをするといいたいわけではありません。

ただ、内部で、経営責任を負いながら仕事をしているからこそ、見えてくることやできることがあるというのが、ＰＥファンドのハンズオンであり、それは、コンサルタントとは自ずと異なるだろうということです。

第4章

成長戦略型段階的M&Aを確実に成功させるための必須知識

M&Aの実行プロセス

本章では、M&Aのスキーム（ストラクチャー）、進行プロセス、および株式価値評価（バリュエーション、価格算定）の基本について解説します。

M&Aのスキーム（ストラクチャー）

M&Aのスキームとは、「なにを、どのように取引するのか」というM&Aの組み立て方です。M&A業界では、これを「ストラクチャー」と呼ぶことが多いのですが、ストラクチャーという言葉は一般的にはあまり馴染みがないと思われるので、ここではスキームという語を使います。意味は同じだと考えてください。

M&Aのスキームにはさまざまな種類があります。これは、M&Aという言葉自体が多義的であることにもよりますし、売買するのが物理的なモノというより会社という「仕組み」であるため、多様なやり方が可能だということにもよります。

さて、M&Aは「Mergers and Acquisitions」（合併と買収）の略であり、資本の移動を伴う企業の合併・買収を意味します。では「合併」と「買収」のなにが違うのかといえば、合併とは2つの会社（法人）が一緒になることなので、どちらかの会社、または両方の会社が法的には消滅します。一方、買収は、会社または事業の所有者が替わるだけなので、買収されても会社（法人）は存続します。念のために付言しますが、ここで消滅または存続するのは、あくまで法的主体としての法人についてであり、実態的な組織の存続はまた別の話です。「買収」（または譲受）は買い手視点の言葉ですが、売り手を主体で考えるなら「売却」（または譲渡）ということになります。本書は売り手の読者を想定しているので、以後「譲渡」と呼びます。

企業の譲渡は、さらに株式譲渡と事業譲渡の2種類に大別できます。

株式譲渡

株主が保有する株式を売却するスキームです。株式を譲渡する主体は株主なので、売却対価は株主が受け取ります。

株式譲渡の場合、会社に帰属する権利義務関係には、基本的に変化が生じません。ＣＯＣ条項（あとで説明します）がある場合や、金融商品取引業など許認可が必要な一部業種などの例外を除いて、会社が結んでいる契約の巻き直しや届出などは原則的に不要です。

例えば、会社が従業員と結んでいる雇用契約もそのまま継続されるので、少なくとも、M&Aをしてすぐに従業員に経済上の不利益が生じることはありません。株式譲渡は、成長戦略型M&Aでも事業承継型M&Aでも、一般的な方法となっています。

事業譲渡

会社の一部の事業、事業部門、または全部の事業を譲渡する方法です。事業の譲渡とは、事業に関連する取引関係や権利、ノウハウ、人員、資産などを譲渡することです。

事業譲渡の場合、譲渡する主体は会社（法人）なので、その売却対価も会社に支払われます。つまり、事業譲渡をしても、創業者（株主）が直接現金を受け取れるわけではないということです。また、その事業にまつわる契約関係については、事業主体＝契約主体が変わるために、必要に応じて、個別に契約をし直すことが原則です。例えば、事業部を譲渡する場合で、その事業部に所属する従業員も移籍させたい場合は、いったん退職をしてもらい、譲受側の会社で再雇用するという手順を踏まなければなりません。設備のリース契約なども同様ですし、行政の許認可なども、通常は再取得する必要があります。

さらに、場合によっては事業譲渡に関する株主総会決議が、譲渡会社、譲受会社の双方で必要になります。

ほかには、競業禁止の問題も生じます。事業を譲渡した会社は、別段の定めがない限り、20年間の競業禁止義務を負うことも会社法に定められています。競業の範囲はその後の論点となる場合もあり、売らずに残した事業の制限になる可能性もあるので十分な注意が必要なポイントです。

このように、事業譲渡は株式譲渡と比べて手間や手続きが複雑になります。そのため、特別な理由がない限り、通常は株式譲渡が検討されます。

ただし、株式譲渡が難しい状況（多額の簿外債務またはその可能性がある、複数の事業を運営しており明確な譲渡対象外事業がある、Ｍ＆Ａに反対する株主がいる、など）には、事業譲渡が検討される場合もあるので、そういう方法があるということ自体は知っておいたほうがいいでしょう。

会社法上の組織再編行為（合併、会社分割、株式交換、株式移転）

株式譲渡は株式の売買、事業譲渡は事業の売買です。

一方、会社組織自体を変更する行為が、会社法で規定されている組織再編行為です。これには、合併、会社分割、株式交換、株式移転の４類型があります（事業譲渡も会社法で規定されていますが、狭義の組織再編行為には含めません）。

Ｍ＆Ａに関連して、これらの組織再編行為が利用されることがあります。例えば、会社分割により、会社の一部を切り離して他社に吸収させる、あるいは切り離した会社の株式を譲渡してＭ＆Ａをすることがあります（詳細は省きますが、事業譲渡のデメリットが軽減されます）。特に上場企業が買い手の場合は、自社の株式の高い流動性を背景に、株式交換による完全子会社化を進める場合があります。

また、事業会社が、株式譲渡によるＭ＆Ａで子会社を持った場合、将来的に吸収合併して会社をまとめたり、あるいは株式移転の方法により、持株会社を設立してグループ会社として再編したりするケースもあります。

これらの組織再編スキームが段階的M&Aにおいて利用されることは、割合としては少ないのですが、売り手企業の状況によっては選択肢の一つとして考慮されます。

M&Aのプロセス(1)検討フェイズ

M&A取引のプロセスについて説明していきます。

M&A取引は、大きくわけると、①検討フェイズ、②交渉フェイズ、③契約フェイズ、の3段階で進行していきます。その各段階で、どのようなことが行われ、なにが必要となり、なにに注意するべきかといった内容を、売り手企業の立場から説明していきます。

なお、買い手がPEファンドなのか事業会社なのか、また、成長戦略型M&Aなのか事業承継型M&Aなのかなどによって、M&Aプロセスに多少異なる部分がありますが、ここでの説明は主に「PEファンドが買い手となる成長戦略型M&A」を前提として説明を進めつつ、必要に応じて事業会社が買い手となるケースにも言及します。

なんらかのきっかけでM&Aに興味を持たれた場合、まずはM&A仲介会社に話を聞いてみるといいでしょう。ただ、M&Aの検討はとても繊細な事項で、情報の取扱いを慎重にすべきです。専門外の人に相談をすると、場合によっては情報が漏洩してしまい「あの会社は身売りを考えているらしい。大丈夫か」などと、変なウワサになることもあります。まだまだ「Ｍ＆Ａ＝身売り＝不安」というあらぬ図式で捉える人が多いことも事実なので、注意するに越したことはありません。その点、Ｍ＆Ａのプロである仲介会社は、秘密厳守を徹底しています（当然、秘密保持契約も結びます）。また、多くのＭ＆Ａ仲介会社ではアドバイザリー契約を締結するまでは相談料金は発生しませんし、相談したからといって契約をしなければならないということもありません。

Ｍ＆Ａの検討から契約完了までの期間は、早くても半年〜1年程度、長ければ、2、3年掛かることも珍しくありません。それだけの長期にわたって、密接にやり取りをしながら大切な会社の売買をまかせるのが仲介会社ですから、拙速に決めることは避けたいもの。可能であれば、ぜひ複数の仲介会社に相談して比較検討することをおすすめします。

なお、仲介会社の選び方などは、第6章で詳しく説明します。

最初に確認しておきたい「何のためのＭ＆Ａか」

検討の最初の段階で確認すべき大切なことは、Ｍ＆Ａの目的、つまり「何のためにＭ＆Ａをしたいのか」という点です。

例えば、

「成長の壁が乗り越えられなくなってきたので、新しいパートナーと組んで再成長したい」

「長く経営してきて、精神的にも肉体的にも少し疲れたので、一回区切りをつけたい」

「経営には関わり続けたいが、個人生活のリスクヘッジとしてイグジットをしたい」

「今の会社とは別に新しい事業にチャレンジしたいので、その事業資金を得たい」

「絶対にＩＰＯを成功させたいので、経験豊富なＰＥファンドに入ってもらいたい」

などなど……。


もちろんさまざまな理由が組み合わされていることもあるでしょうし、最初はあいまいだったものが、Ｍ＆Ａ仲介会社のアドバイザーに相談しているうちに明確化してくることもあります。また、なんとなく「これ」と思いこんでいたことが、アドバイザーと話していくなかで変化していくこともあります。その結果、「今はまだＭ＆Ａの時期ではないな。あと２～３年くらい掛けて会社の中身をもう少し変えてからＭ＆Ａを検討しよう」という結論になることも、よくあります。逆に、なるべく急いでＭ＆Ａを実現したほうがいい、ということもあり得ます。

いずれにしても、多くのＭ＆Ａを見てきたアドバイザーの客観的な視点からのアドバイスを受けながら経営者自身の考えを整理し、目的を明確化することがＭ＆Ａ成功への第一歩です。

初期の財務診断からアドバイザリー契約締結へ

次に、簡易財務診断により初期的な企業価値算定および譲渡価格の概算見積もりを行います。会社が、だいたいいくらで売れそうなのか、目安がわかるということです。

この段階での企業価値算定は、財務諸表、事業内容・事業計画書、株主状況などの資料およびヒアリングによる、あくまで簡易的な企業価値算定です。しかし、一定の理論と、その時のM&A市況に基づいて算定されるものなので、相場から大きく外れることは、通常ありません。なお、価値算定の詳細については、本章の最後で説明します。

同時に、M&Aに際してどうしてもこれだけは譲れないという条件（例えば譲渡価格、創業者自身の処遇など）や、できれば実現したいけれども、譲歩も可能な内容などをある程度洗い出します。M&Aの目的、想定譲渡価格、そして譲れない条件などを総合的に勘案し、どんな買い手が想定できるのか、どんな譲渡スキームが想定できるのかを検討します。例えば、自社でのＩＰＯを目指すのが目的であり条件でもあるならば、買い手は事業会社を探すよりもＰＥファンドを中心に探して、段階的M&Aを目指したほうがいいのではないか、あるいは、創業者が早期の完全リタイアを望むのであれば、事業会社にグループ入りしたほうがいいのではないか、といったことです。

見積もり譲渡価格や、その他条件、想定譲渡先のタイプなどを確認したうえで、実際にそれで進めていく意志が固まれば、M&A仲介会社とアドバイザリー契約を結びます。

なお、このアドバイザリー契約締結時点で、M&A仲介会社によっては着手金が発生する場合があります。M&A仲介会社の報酬体系については、第6章で説明します。

株主構成の確認、対策は早めに実施する

一般的な株式譲渡スキームでは、株式そのものが売買される対象です。そのため株主状況、すなわち、だれが、どれだけ株式を保有しているのか確認しておくことは、極めて重要です。特に、社歴の長い会社の場合は、相続などを経て株式が親族に分散していたり、「名義株」といって、実際に株式を保有していないのに名前だけ株主になっている人がいたりするケースがあります。こういった少数株主の中に、M&Aに反対する人が出てくると、M&Aを進めるうえで障害になります。

そこで、少数株主からは株式を買い取るなどして、創業者になるべく株式を集中させておく必要があります。もし創業者が議決権の90%以上の株式を保有している（特別支配株主）ならば、株主総会の決議を要することなく、少数株主の持つ株式を強制的に取得する（株式等売渡請求）ことができます。もちろん、適正な価格での買い取りをしなければなりません。

また、創業者の支配できる議決権が90%未満の場合も、手法はやや複雑になりますが、会社法上の規定に則り、株主総会の決議によって敵対株主を締め出すこと（株式等売渡請求と併せて、これらを「スクイーズアウト」といいます）は可能です。スクイーズアウトの詳細は省きますが、いずれにしても、創業者以外の株主がいる場合、早めにM&Aアドバイザーに伝えて必要な対策を検討することが肝要です。

併せて、従業員持株会があったり、ＶＣ、中小企業投資育成株式会社が出資をして株主になっていたりする会社の場合も、対策の検討が必要になります。

Ｍ＆Ａのプロセス（２）交渉フェイズ

アドバイザリー契約締結後、買い手候補先へのマッチングのプロセスに進みます。マッチングプロセスは、一般的なマッチング方式と、ＰＥファンドが買い手候補となる場合によく用いられる「入札方式」とがあります。まず、一般的なマッチング方式を説明していきます。

マッチングにあたって、買い手候補が検討するための資料を用意します。資料は、「ノンネームシート」（または「ティーザー」）と呼ばれる簡易な資料と、「企業概要書」（または「インフォメーション・メモランダム：ＩＭ」）と呼ばれる詳細な企業資料、さらに「株式価値評価書」の３種類があります。

「ノンネームシート」は、その名のとおり企業名は入れずに、大まかな所在地、事業内容、従業員数、売上高、営業利益などの基本的な企業概要と、企業名が特定できない程度の企業の特徴、譲渡理由などを、Ａ４用紙１枚程度にまとめた資料です。

「企業概要書」は、取引フロー、事業フロー、主要取引先を含む事業内容の詳細、拠点、組織や株主の情報、財務状況、事業計画、譲渡希望価格等の希望条件などについて詳細に記した資料で、50~60ページから多い時には100ページほどのボリュームになります。「株式価値評価書」は、詳細な資料を基に、より正確な株式価値を算定した資料です。客観的な立場から論理的に株式価値を算定し、譲渡価格の基準を示します。

次に買い手候補の選定ですが、M&A仲介会社は、日々のコミュニケーションを通じて多くの買収ニーズをストックしています。また、それ以外にも買い手になりそうな企業などの情報を集めています。そのデータから売り手とマッチしそうだと判断した候補を100~200社ほどリストアップします。この初期的な買い手候補リストを「ロングリスト」と呼びます。

ちなみに、私たちは独自にシステム開発したM&Aマッチングプラットフォームを運営している点が特徴となっています。プラットフォームには上場企業を含め4000社を超える買い手候補が秘密保持契約を締結したうえで登録しており、プラットフォーム上で公開された売り手候補のノンネーム情報を閲覧できるほか、自社との間でシナジーが見込まれるなど、興味のある会社の企業概要書の閲覧申請ができます。さらに後述の「ネームクリア」を実施のうえ、プラットフォーム上で企業概要書を閲覧・詳細検討ができるようになります(売り手の希望によってはプラットフォームへの情報掲載はせずに、ピンポイントで私たちから買い手候補にコンタクトを取ることもあります)。

一般的な買い手情報収集に加えてこのような独自プラットフォームも活用している点は私たちの特徴であるため、ご紹介しておきます。

次に、売り手にロングリストを確認してもらい相談のうえ、譲渡先としてふさわしくないと思われる買い手候補をリストから外していきます。

そして、通常50～１００社程度の買い手候補に、ノンネームシートを提示して、興味があるかを確認します。ノンネームシートで興味を持ち、さらに詳細情報を用いた検討を希望する相手に対しては、売り手企業に確認をしてから「企業概要書」「株式価値評価書」を提示します。このとき名前を明らかにすることを「ネームクリア」と呼び、相手とは情報を開示する前に秘密保持契約を取り交わします。

「企業概要書」などの詳細資料を確認した相手は、より詳細に売り手を知るために質問項目を送ってくることが普通です。売り手とアドバイザーが協力しながらそれに回答するなど、多少のやりとりを経たあと、実際にM&Aを希望する買い手候補から「意向表明書」を提出してもらいます（特に買い手候補が1社の時は意向表明書を提出しないことや、場合によっては、意向表明書の提出前に後述のトップ面談を実施することもあります）。意向表明書とは、文字通り譲受をしたいという意向を表す書類ですが、具体的には次のような内容が記載されます。

・会社概要、これまでのM&A実績
・買収の意図、想定されるシナジー
・想定スキーム

・想定イグジット方針（PEファンドの場合）
・企業価値向上のための運営プラン（ハンズオン施策）
・買収資金調達方法
・希望買収価格および価格算定根拠
・ストックオプション付与や現状の役員・従業員に対する報酬額・設計
・希望スケジュール

売り手が意向表明書を確認して、内容に大きな問題がなく話を聞いてみたいと思える相手であれば、トップが対面して話し合う「トップ面談」に進みます。トップ面談は、条件交渉の場ではなく、互いの企業文化やM&Aに求める方向性の確認といった意味合いで行われるものです。あわせて、会社見学や工場見学などが実施されることもあります。通常、トップ面談は売り手の意向に沿った意向表明書を提出した買い手候補との間で行われ、結果として1社のみの時もあれば、5社以上実施する場合もあります。

これらのプロセスを経て、この会社とM&Aをしたいという相手が絞り込めれば、基本合意書の締結に進みます。基本合意契約を結ぶのは通常1社のみです。

入札方式の場合

売り手の規模が比較的大きく、PEファンドを買い手候補の中心と考える場合などに、以上説明したプロセスとは少し異なる「入札方式」を取ることもあります。

入札方式の場合でも、まずはノンネームシートにより初期的な意向を確認する点は先ほどと同じです。そして興味を持ってくれたPEファンドなどに対しては、秘密保持契約を結んだうえで、私たちが「企業概要書」「株式価値評価書」などを持参して、売り手企業の詳細を説明して、入札への参加検討を依頼します。これを「タッピング」といいます。

PEファンドは資料を基に独自に株式価値などを算定して検討し、前向きな判断となれば、入札期日まで「意向表明書」を提出して入札参加（「ビッド」と呼びます）します。この入札期日と意向表明書に記載する内容をあらかじめ定めた「入札要綱」を整える点が入札方式の大きな特徴の一つです。これは企業の買収を生業とするPEファンドを買い手候補先とするが故にできる方式です。

１次入札でビッドしてくるPEファンドの数は多いときは10社以上になりますが、通常は片手程度に収まります。

売り手は、意向表明書の内容を確認して、必要に応じて１次入札にビッドしたPEファンドの担当者と面談をし、交渉を進める候補先を１～３社程度選びます。次に、選ばれたPEファンドと、売り手がある程度時間を掛けてじっくり話し合い、交渉・検討をしていきます。

そして、各ファンドに売り手からの希望条件を伝えて、それをベースにして必要に応じてPEファンド側に価格や条件を再調整してもらったうえで、2次入札に参加をしてもらいます。

そこで最終的に買い手候補のファンド1社を決定し、基本合意書の締結に進みます。

交渉を進めるPEファンドを選定するポイント

PEファンドが意向表明書で提示してくる買収希望価格には、ある程度差があります。理由の詳細は後述しますが、1.5倍以上開くことはあまりないですが、多くのビッドが集まる人気案件では、1.2〜1.3倍くらい開くことはよくあります。仮に100億円と130億円なら30億円の差なので、かなりの違いです。では、最も高い価格を提示したPEファンドがいつも選ばれるかといえば、実はそんなことはありません。

ポイントとなるのは、そのPEファンドがどのような方法で会社を成長させるのかという戦略です。本書で再々述べてきたとおり、経営者にとっては事業を成長させて企業価値を向上させてくれることがPEファンドと組むことの眼目なので、それを具体的にどう進めるのかが最も重要になります。もちろん、譲渡価格も気になるところでしょうが、ほとんどの売り手は、PEファンドが提示する譲渡価格の差以上に、成長戦略の具体的な中身の違いを重視して選択をしているのが実情です。

基本合意書の締結

基本合意書の締結とそれ以後のプロセスは、買い手が事業会社でも、ＰＥファンドでもほぼ同様です。

基本合意書とは、意向表明で提示された内容はもちろん、それまでの交渉で合意した事項を網羅的に盛り込んで双方が確認するための「仮契約」のようなものです。一般的には、一部の事項を除いて法的拘束力は持たせません。一部の事項とは、秘密保持関係や１社だけを交渉相手とする独占交渉などです。

なお、基本合意書は、意向表明書で代替するケースもあります。また、基本合意書に盛り込む項目や内容の精緻度、拘束性などは、Ｍ＆Ａ仲介会社の考え方によっても異なることもあるようです。

私たちの場合は、かなり精緻な内容で厳密な基本合意を結ぶ考え方をとっていきます。例えば、譲渡価格算定の基本的なロジックを明確にしておき、その後のデューデリジェンスの過程で減額要素が見つかった際、それが価格算定ロジックの前提を崩すような本質的な要素でない限りは、譲渡価格の変更はしないことを買い手に求め基本合意書に盛り込むなどです。

なぜかというと、非上場企業で、財務や組織などに何の問題もない会社はまずなく、デューデリジェンス（後述）では減額要素がいくつも見つかることのほうが普通です。それらの減額要素の一つひとつを採り上げて減額していくことは、売り手と買い手の双方にとって良い結果をもたらさないため、基本合意書でこのような縛りを入れておきます。

M&Aのプロセス(3)契約フェイズ

契約フェイズはデューデリジェンス、最終的な条件交渉を経て、最終契約のフェイズに至ります。

デューデリジェンス(買収監査)とは

デューデリジェンス(Due Diligence)は、日本語では「買収監査」といい、基本合意に至るまでに示されてきた情報が正しいか、基本合意での譲渡価格算定ロジックの前提条件に間違いはないか、また現時点で判明する将来的なリスクの有無・程度などについて、買い手が売り手企業の詳細を調査・確認することです。略して「DD」と呼ばれることが多く、本書でも以下ではDDと略記します。

DDは、買収のための確認であると同時に、買い手にとっては初めて売り手企業の実際の資料を用いた詳細調査のため、M&A後にどのような統合戦略、企業価値向上戦略を取り得るのかを、買い手が具体的に煮詰めていくための重要な確認作業ともなります。それを踏まえて、売り手も可能な限り協力して進めることが大切です。

ＤＤは、買い手企業が主体となり、買い手に依頼された弁護士や公認会計士などの専門家も交えながら進めます。開始時点で、買い手のほうから、ＤＤのスコープ（どこまでの範囲・濃淡で調査を行うか）と、用意するべき資料の依頼があります。そして、資料のチェック、質問シートのやり取り、口頭でのインタビューなどにより進行していきます。

ＤＤは、１００億円規模の案件であればスムーズに進行して通常1〜1・5カ月ほど、長ければ2〜3カ月ほどの時間が掛かります。

売り手が意図的に隠していた、あるいは認識していなかったものの買い手にとっては重要と認識する問題点がたくさん見つかると、それらを追加で検証するためＤＤにもさらに時間が掛かります。また、非常に大きな問題が発見されれば、基本合意時点の譲渡価格が引き下げられることや、最悪の場合は破談（ディール・ブレイク）となることもあります。

ＤＤでは各専門家がそれぞれの視点から多面的に企業を分析し、リスクの洗い出しを行うことから、基本的に、ウソやごまかしは通用しないので、もし問題になるかもしれない懸案事項があれば、できれば検討フェイズ、遅くても「企業概要書」作成の段階で、Ｍ＆Ａアドバイザーに相談しておくことが、スムーズなM&A進行のための重要なポイントです。

問題の発覚が、M&A進行プロセスのあとになればなるほど、案件の成否にかかわらず多額のＤＤコストを負担する買い手の心証が悪くなります。

通常、ＤＤの対象となる主要分野は「財務」「法務」「ビジネス」です。おおむね、以下のような内容が調査・確認されます。

財務ＤＤ

財務・税務的観点からのＤＤです。財務諸表や帳簿類の正確性を確認するとともに、収益性、財務・税務的なリスクの存在などを確認します。

具体的には、

・会計処理ルールの適切性
　売上・費用の認識基準や減価償却処理などの会計処理が適切かの確認です。

・収益性、キャッシュフロー
　過去の正常な収益力の把握と将来の収益性の予測、キャッシュフローや運転資本の推移予測の確認です。

・負債項目
　負債が正しく計上されているか、簿外債務や負債類似項目（引当金や偶発債務）が適切に計上されているか、または存在しないかといった点の確認です。簿外債務としては、賞与引当金、退職給付引当金などは、問題になりやすいポイントです。偶発債務とは、現時点では顕在していないが、なんらかの条件によって将来発生し得る債務（保証債務や訴訟債務など）のことです。

・資産項目
資産の実在性の確認です（帳簿に計上されている資産が実在するか、また正しい評価金額か）。売上債権、棚卸資産などは、問題になりやすい項目です。
なお、過去の税務処理、税務申告の適正性など、税務面の確認は財務ＤＤのなかで一括して行われることが一般的ですが、財務ＤＤとは切り分けた税務ＤＤとして行う考え方もあります。

法務ＤＤ
法務ＤＤの内容は多岐にわたりますが、最も重要な論点は、「売り手のビジネスモデルが違法性や脱法性（法的グレーゾーン）を前提としていないか」という点です。
もし違法性または脱法性が前提になっているようなビジネスモデルであれば、それを適法化した場合には収益性が大きく悪化する恐れがあります。すると、基本合意における譲渡価格算定の前提が崩れてしまいます。そのため、この点はＭ＆Ａの根幹に属する論点となります。

だれが見てもすぐにわかるコピー商品を販売しているなどの場合は論外ですが、そうではなくても、収益性の前提に違法性や脱法性が存在することはあります。

例えば、景品表示法の観点から、消費者に誤認をまねきかねない脱法的表現の広告により大きな売上を上げている通信販売会社があったとします。その脱法的な広告を適法な表示に変えると売上が落ちると予想されるのであれば、それは収益性の前提に違法性や脱法性が存在するということです。その存在をそのままにしてM＆Aを進めることはできないので、適正化を前提として譲渡価格を算定しなおさなければなりません。ほかにも、

・クーリングオフを認めないなど消費者に不利な契約を結んで解約率を下げている（特定商取引法）
・実態は従業員であるのに管理職とすることで時間外勤務手当を支払わずに人件費を抑えている（労働基準法）
・下請け会社に対して不当に安い報酬や不利な取引条件で発注して原価を下げている（独占禁止法、下請法）
・実態は請負であるのに、人材派遣として契約をしている（労働者派遣法）

など、違法性や脱法性が収益の源泉に組み込まれていることは、意外と少なくありません。

このような問題がないかを確認し、問題が発見されれば、それを適法化した場合に収益などのような影響があるのかを見積もるのが、法務ＤＤの重要ポイントです。

その他、法務ＤＤでの確認事項は、定款や株主名簿（株主構成）、株主総会議事録、取締役会議事録など基本文書、社外取引先との契約書、就業規則など社内の各種規程などのチェック、許認可が必要な業種の場合、適正な許認可を受けているか、その移転や継続可否などは基本項目です。

訴訟を抱えている場合は主に金銭上・そのあとの事業運営上のリスク、あるいは事業上なんらかのトラブルがある場合には、それが訴訟となるリスクなども確認されます。

また、取引先との契約においてＣＯＣ条項（後述）が締結されていることがあれば、その内容と解除可否の確認もなされます。

ＣＯＣ（チェンジ・オブ・コントロール）条項

法務ＤＤのなかで必ずチェックされる重要項目が、取引先との契約におけるチェンジ・オブ・コントロール（Change of Control）条項、略してＣＯＣ条項です。

これは、取引契約書などにおいて、Ｍ&Ａなどによる経営権の移動や資本構成の変化が生じる場合、相手方に事前確認や通知をしなければならない、あるいは、相手方が一方的に契約を解除できるとしている条項です。

よく問題になるのは、主要取引先との取引基本契約、店舗事業における賃貸借契約などにCOC条項が存在するケースです。

いずれにしても、早期の段階でその存在を確認しておき、対応の可能性が検討されなければなりません。

ビジネスDD

売り手の事業について、次のような外部環境・内部環境を調査し、事業の現状と将来性を調査します。

・外部環境分析

マクロなビジネス環境、業界の市場動向、業界における競争環境（売り手のポジション、市場シェア、競合）などが分析されます。

・内部環境分析

ビジネスモデル、固有の競争優位性と弱み、業務プロセス、ガバナンス体制などの分析です。

ビジネスDDは、買い手がどうやって売り手企業を成長させていくのか、その将来の成長戦略にも影響を与えます。

なお、業種や事業内容によっては、重要度に応じて、これらとは別に「人事」「ＩＴシステム」「環境」「不動産」などについて個別にＤＤを行う場合もあります。

Ｍ＆Ａの山場、最終契約書の作成

ＤＤの結果を踏まえて（またはある程度の時期から同時並行で）、最終的な条件交渉を行います。

ＤＤではたいていの場合、複数の問題点が見つかりますが、それを踏まえて、価格やその他の条件をすり合わせながら調整し、最終的な契約書に落とし込んでいきます。最終契約書は、一般的な株式譲渡のスキームなら株式譲渡契約書（Stock Purchase Agreement：ＳＰＡ）となり、以後ＳＰＡを例に説明していきます。

売り手としては、「大変だったＤＤが済んで、あとは契約書をまとめるだけか」と安心してしまいたくなるのですが、実はこの最終合意のプロセスがＭ＆Ａの山場でもあり、通常、売り手にとって最も大変なプロセスとなります。

Ｍ＆Ａ後のリスクを規定する「表明及び保証」条項

ＳＰＡには、譲渡価格、譲渡条件、双方の権利義務、などが盛り込まれ、もちろんそれぞれ重要ですが、なかでも「表明及び保証」条項と「表明及び保証に関する補償」条項は、双方のリスクを調整する項目であり、重要です。

「表明及び保証」条項とは、契約時点およびクロージング時点において、売り手が、その条項の内容が真実であることを表明し、買い手に保証することです。もし、表明保証をしたのに、あとからそれに反する事実が現出した場合、売り手は損害賠償などの責任を負わなければなりません。その補償範囲と補償内容を定めるのが「表明及び保証に関する補償」条項です。したがってこの2つはセットになっています。

買い手にとっては、DDで問題点の洗い出しはしているものの、そこでは発見できなかった、売り手自身ですら気づいていなかったような意外なリスクが、将来どのような形で現出するかわかりません。そこで、なるべく広い範囲の「表明及び保証」条項、なるべく長い期間の「補償」条項を設定して、リスクを軽減しようとします。

一方、売り手にとっても、やはり自分自身が気づいていなかった問題はあるかもしれないと思うでしょう。その点について、M&A後、半年か1年程度ならともかく、5年先でも補償請求をされてしまうのでは、ちょっとリスクが高すぎる……、と感じられます。

そこで、SPA作成では、なにをどこまで表明保証して、補償するのかを、細かく詰めていきます。補償の内容も、限度額を設けるのか設けないのか、設けるとするならいくらまでなのか、期間は契約後1年間なのか永久なのか、といったことを、「表明及び保証」条項の第1条についてはこれこれ、第2条についてはこれこれこれと、条文ごとに定めていきます。

表明保証以外に問題となりがちな論点

最終合意段階で、表明保証以外の項目にも、よく問題となる点はいくつかあります。

例えば、競業避止義務の問題です。M&A後に、売り手が一定期間は同じ事業を行うことを禁じる「競業避止義務」が課せられることが普通ですが、その年数は売り手はなるべく短くしたく、買い手は長くしたいと考えるため、議論となります。

また、ロックアップといって、経営者や特定の役員などのキーパーソンが、一定期間は会社を退職しないという制限が掛けられることもあり、その期間なども論点になります。

SPAの作成にあたっては、互いの主張が初期では隔たりがある場合もあるので、数十ページに及ぶ契約書の、一文単位はおろか、一言一句単位で、これはどういう法律的な意味か、どこまでの範囲を指すのかなどを互いの弁護士を交えながら確認し、一語単位で修正を加え、さらにそれを受け取った相手が再修正して……というプロセスを経ながら詰めていきます。

例えば、「Aの事項は存在しない」「契約日までBの行為はしない」といった文言と、「売り手の知る限りAの事項は存在しない」「契約日まで重要なBの行為はしない」といった文言とでは、売り手のリスクが相当に違ってくるので、一語単位でやり取りが生じるのです。

これらのすべての交渉、修正過程をまとめたファイルは、数百ページの厚さになることもあるほどです。

弁護士が入り、M&Aアドバイザーもサポートをするとはいえ、すべてを確認しながら進めなければならない経営者にとってかなりしんどい作業となる、M&Aの山場です。

こうして最終契約書が完成すれば、最終契約が締結されます。

クロージング

最終契約の締結後、その契約にしたがって取引を実行するのがクロージングです。具体的には、COC条項解除・承諾、表明保証事項、その他クロージング条件の確認などが行われ、これらがすべて最終契約どおりにクリアされていることが確認できれば、株式の引渡し手続と譲渡代金の支払い（振込）手続が実施され、株式の名義書換がされます。

その際に、「成約式」のようなセレモニーが行われることがあります。M&Aは結婚にたとえられることもありますが、結婚式にあたるのが成約式です。長い準備や交渉期間を経て無事に取引が成立したことを祝するとともに、売り手は買い手に対して改めて「今後、会社をよろしくお願いします」と伝え、買い手も「全力で取り組みます」と、改めて決意表明をします。

また一般的には、クロージング後に、従業員を集めて、売り手、買い手の代表者が並んで、M&Aが行われ株主が替わったことについての説明をします。情報漏洩を防ぐために、一部の役員などを除いて、一般従業員にはクロージングまでM&Aを伏せておくことが普通です。

なお、私たちのようなＭ＆Ａ仲介会社が担当する業務も、基本的にここまでで終了になります。

会社の譲渡価格はどのように決まるのか

Ｍ＆Ａを検討している経営者にとって、自分の会社がいくらで売れるのか、またどうやって買い手はその価格を算出しているのかは、気になるところです。

これは、Ｍ＆Ａスキーム（株式譲渡か、事業譲渡か、合併か）や買い手（ＰＥファンドか事業会社か）によっても変わります。また、価格を出すために会社の「価値」を算定するための理論にも、さまざまな種類があります。

それらのすべてを説明することはできませんので、ここでは株式譲渡によるスキームで、基本的にＰＥファンドが買い手となる（段階的Ｍ＆Ａを含む）という前提で説明します。

さて、Ｍ＆Ａにおける譲渡価格の決まり方は、大きくわけると次の２つのフェイズがあります。

（１）バリュエーション：ファイナンス理論などに基づく「株式価値（＝株主価値）」の算定

（２）プライシング：売り手と買い手の事情や需給の強度を反映した譲渡価格の決定

株式譲渡を前提としているので、譲渡される対象は（実態的には会社ですが）形式的には株式です。株式の価格は、理論上の株式価値（＝株主価値）と同じではありません。まず株式価値を算出し、それを基準としつつ、そこに売り手と買い手の事情や需給の強さが反映されて調整された額として譲渡価格が決められることになります。

ややこしそうに感じますが、例えば不動産取引の例で考えてみましょう。不動産取引でも、国土交通省が定める公示地価のような「理論上算定された価格」があります。しかし実際の取引では、「大規模開発のために、多少高くてもこの土地を入手したい」といった買い手の事情による需要の強さの違いもあれば、「急いで現金が欲しいのでなるべく早く売りたい」といった売り手の事情による供給の強さの違いもあります。そのため、実際の取引価格決定（プライシング）は、公示地価を参照しつつも、そこから上下への乖離が生じます。

M＆Aの価格決定もそれと同じだということです。

株主価値の基本的な考え方

株主価値算定について正確に理解していただくため、理論的な背景を説明しておきます。いわゆるファイナンス理論の基礎の基礎であり、やや理屈っぽい話になりますが、会社や事業の価値が算定されるプロセスは、経営者として知っておいて損はない知識だと思います。

まず、事業のバリュエーション、つまり「事業価値」について考えます。事業価値と企業価値、株主価値は異なるものですが、それはあとで説明します。

ファイナンス理論では、企業とは、保有している事業用資産と事業用負債を用いて事業を行うことでキャッシュを生み出し続ける「仕組み」だと考えられます。そこから、「その事業によって将来生み出されるキャッシュの総額＝その事業の価値」ということになります。「将来１００億円の現金を生む事業だから１００億円の価値がある」というわけで、それ自体は単純な話です。

しかし、ファイナンス理論では、将来得られるお金は、現在手元にあるお金より価値が低いとされています。そこで、先の文言を修正して、

「その事業によって将来生み出されるキャッシュを現在価値に割り引いた総額＝その事業の価値」

となります。

現在価値に割り引くという考え方は、第3章の内部収益率のところでも登場しました。ファイナンス理論の基本中の基本なので、ここで簡単に説明しておきます。

割引現在価値（正味現在価値）とは

今、世の中に預金金利が1種類しかないと仮定し、利率が１％だとします。すると、１万円

を1年間預金すれば1万100円に増えます。したがって

1年後の1万100円＝現在の1万円

と考えられます。時間によって、お金の価値が変わるのです。そのため、将来入手できるお金を現在の価値で評価するには、将来の金額から金利分を引いて計算しなければなりません。これを金利による割引き計算といい、その計算によって得られた現在の価値が「割引現在価値」です。

今の例でいうと、1年後にもらえる1万円から金利分を割り引く計算は、1万÷（1＋0・01）であり、結果は約9901円になります。金利1％のとき、1年後の1万円の割引現在価値は9901円ということです。この計算で用いられる0・01を割引率といいます。このように将来得られるお金の価値は、割り引いて現在価値に直して評価するのが、ファイナンス理論の基本です。

なお、割引現在価値のことを「正味現在価値（Net Present Value：NPV）」と呼ぶこともありますが含意は同じです。

これで先の「その事業によって生み出されるキャッシュを現在価値に割り引いた総額＝その事業の価値」という説明がご理解いただけたかと思います。

ここで、鋭い読者の方は、「事業が将来生み出すキャッシュなんて、どうやって測るのか」とか「金利はいろいろあるのに、割引率はどうやって決めるのか」など、疑問に思うことで

しょう。そこは、事業計画をベースにしたキャッシュフローの推計やコーポレート・ファイナンスの理論を用いた割引率の推計によって想定（仮定）するしかありません。想定に用いる変数（パラメータ）によってキャッシュフローや割引率が変動することで、株主価値評価が変わるのです。

企業価値と株主価値はどう違うのか

本書でこれまでも「企業価値」という語は頻出していますが、それは漠然と会社の価値を表す一般用語として用いられてきました。ここで、ファイナンス用語としての「企業価値」「事業価値」「株主価値」を定義、および整理しておきます。

事業価値が、その事業によって将来生み出されるキャッシュを現在価値に割り引いた総額で、これが計算できたとします。しかし通常、企業は、直接事業に使っていない余剰資産（非事業資産、Cash Like Itemと呼ぶ場合もあります）も保有しています。余剰資産とは、例えば、現預金、投資有価証券や遊休不動産などで、原則として換金性を有するものを指します。したがって、事業価値に余剰資産を加えたものが企業全体の価値＝企業価値になります。

事業価値＋余剰資産＝企業価値（1）

ところで、企業活動は債権者からの融資等と株主からの出資を源泉として行われます。そのため、企業価値は債権者と株主の両者に帰属します。

債権者に帰属するのは有利子負債の額で、狭義では財務諸表上の借入金やリース債務ですが、広義では従業員に帰属する債務である退職給付引当金や役員に帰属する債務である役員退職慰労引当金も含みます（広義の有利子負債をDebt Like Itemと呼ぶ場合もあります）。すると、企業価値から広義の有利子負債を引いた額が、株主に帰属する株主価値となります。

企業価値－有利子負債＝株主価値（2）

（1）式と（2）を組み合わせると、

事業価値＋余剰資産－有利子負債＝株主価値（3）

となります。なお、広義の有利子負債から余剰資産を差し引いた差額はネットデット（net debt：純有利子負債）と呼ばれます。すると、

事業価値－ネットデット＝株主価値（4）

図表4-1　企業価値、事業価値、株主価値の関係

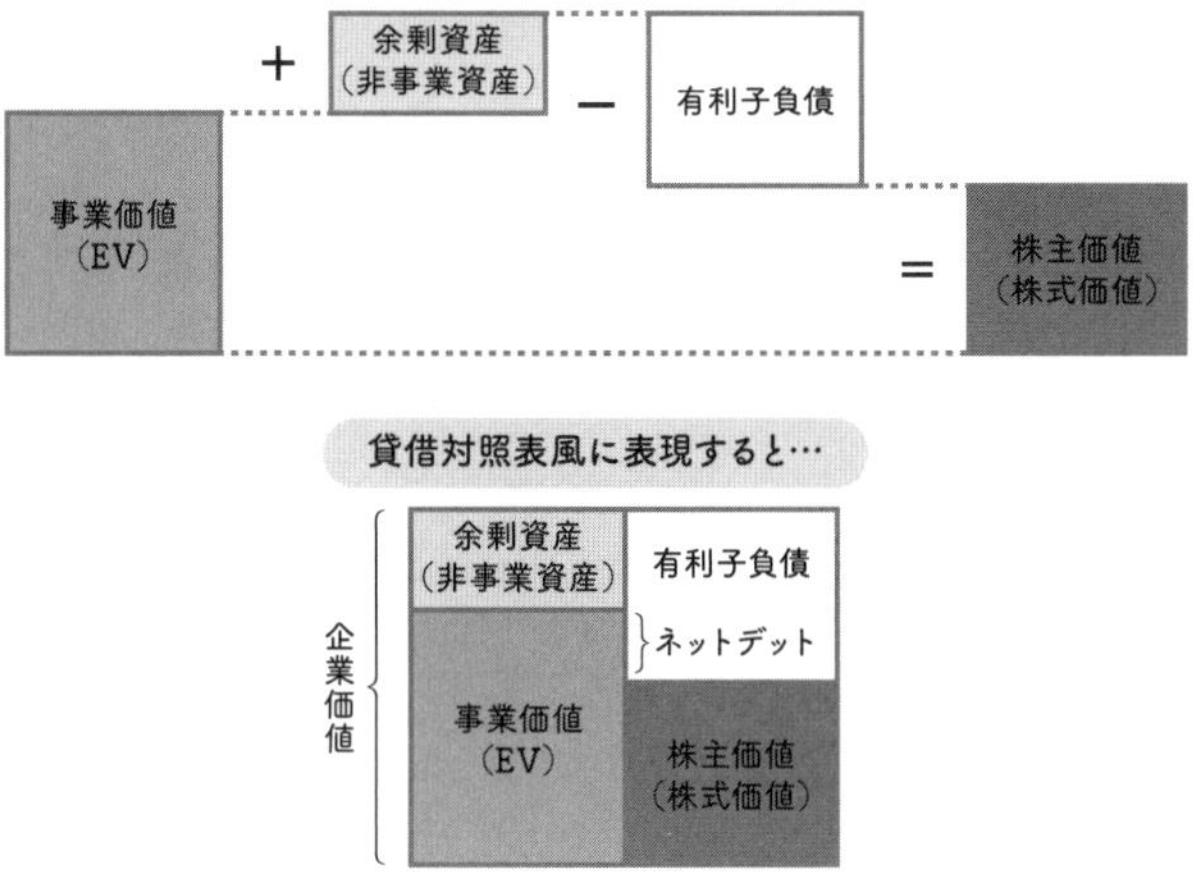

ということもできます。

なお、会社が自己株式を保有している場合などを想定すると、「株主価値」と「株式価値」は厳密にいえば異なるものですが、細かくなりすぎるので、ここでは株主価値＝株式価値として特に区別することなく用いていきます。

主な株主価値算定理論

株主価値の算定には、多くの理論があります。例えば、国税庁の「財産評価基本通達」でも非上場企業の株式評価の理論が定められており、企業オーナーが自社株式を相続・贈与する際は、同通達に記載されている算式によって株価を算出し、課税額を算定します。

Ｍ＆Ａの際に用いられる株式評価の理論は、①企業の純資産に着目する「コストアプローチ」、②類似上場企業の企業価値・株主価値と利益額との比率に着目する「マーケットアプローチ」、③企業の将来の収益力に着目する「インカムアプローチ」の3種類があります。細かくいえば、①~③のアプローチのなかにもさらに数種類の手法があります。

中小・中堅企業が売り手となるM&Aにおいて、実務上よく用いられるのは「時価純資産価額+営業権法」(コストアプローチ)、「類似会社比較法(EV/EBITDA倍率)」(マーケットアプローチ)の2つです。また、中堅企業でもある程度規模が大きく、かつ将来のキャッシュフローの推移見込みが立てやすい業種の企業の場合は、DCF法(インカムアプローチ)が使われる場合があります。

「時価純資産価額+営業権法」(コストアプローチ)

純資産価額とは、貸借対照(B/S)表上で総資産から負債を差し引いた純資産の部の価額です。しかし、資産のうち、土地や投資有価証券などは原則として取得価額で簿価計上されているため、現在の資産価値の実態(時価)が正確には反映されていません。また、退職給付引当金や賞与引当金、役員退職慰労引当金などの各種引当金が理論上満足する金額で引き当てられていないケースもあります。

そこで、簿価で計上されている資産・負債を時価評価して調整したのが「時価純資産価額」

です。これは、現時点で会社が保有している資産の時価のうち株主に帰属する部分です。換言すると、現時点で会社を清算したと仮定した場合に、株主に配分される清算価値と近い概念でもあります。したがって、時価純資産価額をそのまま株主価値とみなしてＭ＆Ａをするというのも、一つの考え方です。実務的には、比較的簡単に計算でき、客観性を担保できるというメリットがあります。

しかし実際のＭ＆Ａにおいては、よほど小さい会社の場合などを別として、時価純資産価額をそのまま株主価値とすることはあまりありません。それは、時価純資産価額には、将来得られるはずの収益はまったく勘案されていないという欠点があるためです。先ほど述べたファイナンス理論による株主価値算定の考え方とは、大きな隔たりがあります。

そこで、時価純資産に一定の「営業権」の価値を加えて、将来の収益力も反映させて株主価値とするのが「時価純資産価額＋営業権法」です。

営業権という考え方はわかりにくいのですが、ごく簡単にいえば、貸借対照表には計上されない無形資産（会社の伝統や顧客からの信用、ブランド、立地条件、技術ノウハウ、独占的な取引関係、など）から生じる、超過収益力です。また、超過収益力とは標準的な企業以上に収益を稼ぐ力です。

それがあることで他の会社よりも高い収益を上げることができるのだろうから、営業権の価値を時価純資産に上乗せして、株式価値にしようというわけです。これにより、形は少し違い

図表4-2 「時価純資産価額+営業権法」

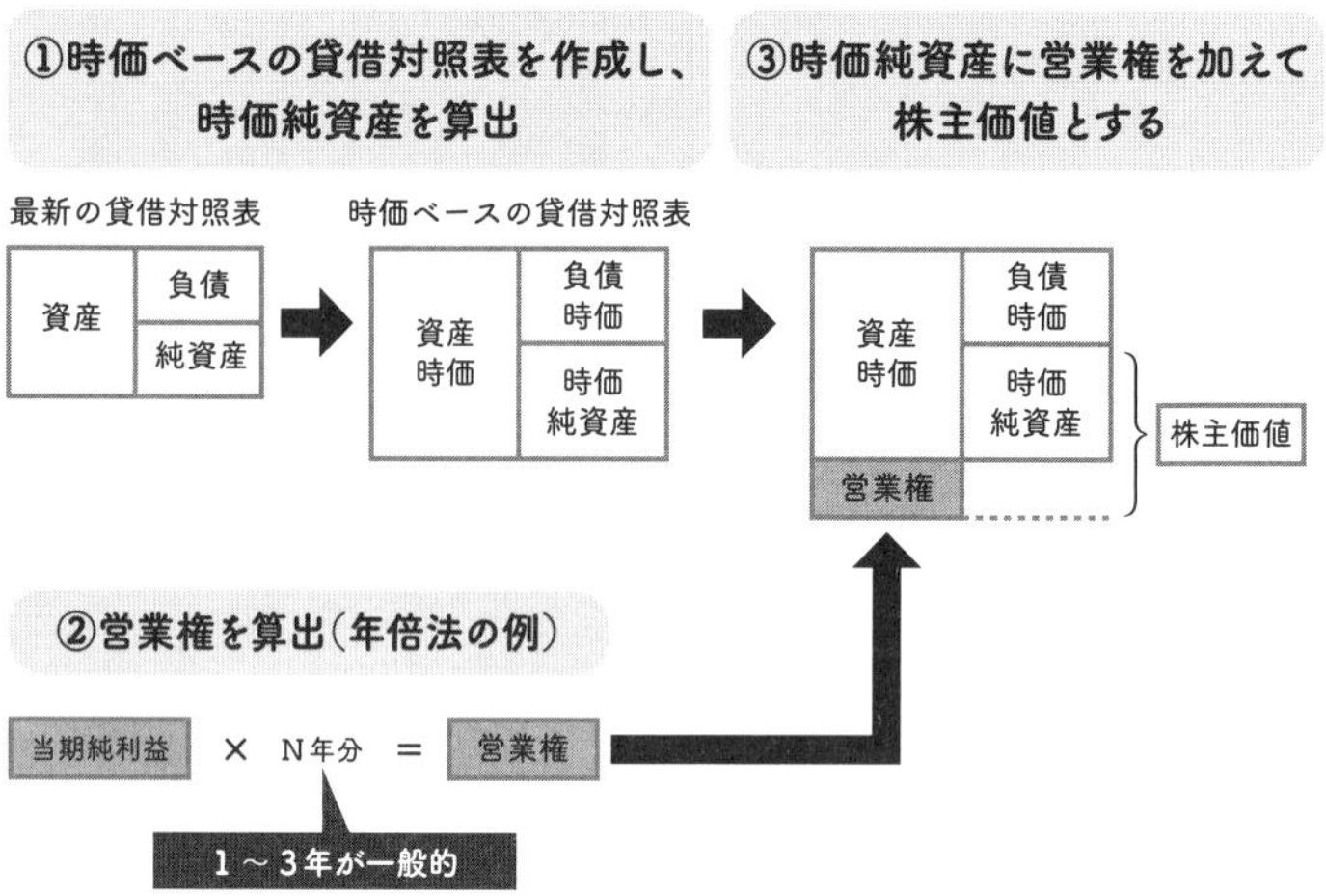

ますが、先に述べた将来の収益力を、一定程度株式価値に反映させることができるようになります。

では、営業権の価値をどうやって評価するのかといえば、その方法には「超過収益還元法」と「年倍法」とがあります。前者は、過去の正常利益から通常獲得できるであろう利益（一般には総資産利益率を用いて計算します）を控除した超過収益額の「3年分」など、一定年数分の割引現在価値の総和を計算して営業権の価額とします。

後者はよりシンプルに、過去の当期純利益に一定年数を掛けて営業権の価額とします。3年を掛ける場合には、3年後の予想純資産と一致します。私たちが行う株主価値算定においては、両方を算出します。

ここで、どちらの方法にしても「一定年

数」を何年分にすべきなのかが問題になります。事業や収益の安定性、会社の所在地域の将来性などが考慮されるものの、確たる理論的な根拠はなく、どちらかといえばプライシングに近い考え方になってしまいます。一般的には1～3年が「相場」としてよく用いられます。

なお、細かい話になりますが、営業権は企業会計で用いられる「のれん」の概念とほぼ同義です。ただ、営業権が、超過収益力を生み出す無形資産に価値を付けようという意図から算出されるものであるのに対して、のれんは、M&Aのあとに時価純資産額と譲渡価格の差額として、事後的に認識されるという点が異なります。

「類似会社比較法（EV／EBITDA倍率方式）」（マーケットアプローチ）

マーケットアプローチとは、売り手の同業他社や業界平均などをベンチマークとして、それらとの比較で株価を決める方法であり、一般的には上場企業をベンチマークとします。上場企業は日々の株式市場での投資家間の取引で公正な株価、すなわち時価総額が形成されており、有価証券報告書や決算短信により各四半期での有利子負債額や余剰資産額、EBITDAの基となる営業利益や減価償却費が公表されているためです。

マーケットアプローチにもいくつかの種類がありますが、実務上最もよく用いられているのが、「EV／EBITDA倍率」を基準にした「類似会社比較法」です（以下「EV／EBI

TDA倍率方式」と呼びます)。この方式は、事業活動で獲得した利益水準を基準とし、その時々のマーケット情勢に依拠した客観性のある株式価値評価として、買い手がPEファンドのM&Aでは、特に好んで用いられます。

EVは「Enterprise Value」の略で、先に定義した事業価値のことです(なお、EVを、余剰資産を含めた「企業価値」だと考える立場もあります。本書ではEV=事業価値としますが、EVという用語が出てきた際には、どちらの意味で使われているのかを確認する必要があります)。

また、EBITDAは、英語の「Earnings Before Interest, Taxes, Depreciation and Amortization」の略で、「金利(利息・利払)、税金、有形固定資産の減価償却費、無形固定資産の償却費控除前の利益」となります。なお、読み方は「イービットディーエー」または「イービットダー」です。

こう書くとややこしそうですが、「金利と税金と減価償却費を差し引く前の利益」ですから、税引前利益に支払い利息と減価償却費を足し戻した額です。

ただし実務上は、特別利益・特別損失や一時的な営業外収益・営業外費用の影響を排除するために、シンプルに「営業利益+減価償却費」の金額とされることが一般的です。

減価償却費はその償却方法の違い(定額法・定率法)、減損実施の有無によって金額に差異が出る点、またキャッシュが流出する費用項目でない点を踏まえて、営業で獲得できる実際のキャッシュフローにより近く正確な収益力を把握する目的で、営業利益の代わりにＥＢＩＴＤＡが用いられます。

倍率の比較

ＥＶ／ＥＢＩＴＤＡ倍率方式では、まずベンチマークとして、売り手企業と同業、あるいはビジネスモデルが似ている上場企業を数社選定します。個別の企業の要因を極力排除する観点から、可能な範囲内で幅広く選定することが一般的です。そして、ベンチマーク企業のＥＶが、そのＥＢＩＴＤＡの何倍になっているかを算出し、平均値（場合によっては中央値）を採ります。

本例ではベンチマーク３社のＥＶ／ＥＢＩＴＤＡ倍率の平均は６・６倍です。

ここで、売り手企業が「ＥＢＩＴＤＡ20億円、有利子負債30億円、余剰資産15億円」だとすると、

売り手企業のＥＶ＝20億円×６・６＝１３２億円

売り手企業の株式価値＝ＥＶ－ネットデット＝１３２億円－(30億円－15億円)＝１１７億円

ということになります。

なお、倍率のことを英語で「マルチプル」というので、この方式は「ＥＢＩＴＤＡマルチプル法」などと呼ばれることもあります。

図表4-3　EV/EBITDA倍率方式

単位：億円

①売り手企業のEBITDAを算出

営業利益：18 ＋ 減価償却費：2 ＝ EBITDA：20

②類似業種の上場企業数社EV（事業価値）とEBITDAの倍率を調べ平均値を算出

上場企業	A社	B社	C社	平均
EV	520	600	830	
EBITDA	80	120	100	
EV/EBITDA倍率	6.5倍	5倍	8.3倍	6.6倍

非上場企業である売り手企業のEVを直接計測することは難しいため、EVが比較的正確にわかる上場企業を基準とする。

③EV/EBITDA倍率平均を、売り手企業のEBITDAに掛けた数値を売手のEVとする

EBITDA：20 × 6.6 ＝ 事業価値（EV）132

④株主価値を算出

企業価値

余剰資産：15

事業価値（EV）132

有利子負債：30

ネットデット：15

株主価値（株式価値）→ 株主価値 117

売り手企業の余剰資産と有利子負債は貸借対照表から算定できる。

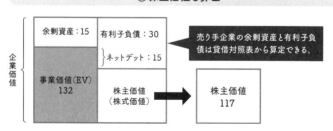

DCF法（インカムアプローチ）

DCFは、ディスカウンテッド・キャッシュ・フロー（Discounted Cash Flow）の略です。ディスカウンテッドは「割引された」という意味で、DCF法は、将来企業が得ると見込まれるキャッシュフローを現在価値に割り引いた事業価値を基準として、株主価値を算定する方法です。すでにお気づきのように、先に説明した一般的な株主価値算出方法と似ています。その項目では、将来のキャッシュフローはどうやって測定するのか、割引率をどうやって設定するのかという疑問を呈しておきましたが、それに対する一応の回答を用意しているのがDCF法です。

DCF法では、通常3~5年間程度の算定期間で事業計画を含む予想財務諸表を作成し、フリーキャッシュフロー（FCF）の推移をある程度の確度で予想します。ここで用いられるFCFは「税引後営業利益＋減価償却費－設備投資額－正味運転資本増加額」です。次に、その総額と算定期間終了時の残存価値（事業計画期間以後も企業が存続し続ける前提で生み出されるFCFの合計額）を、現在価値に割り引いて事業価値を算出します。

割引率には、通常、加重平均資本コスト（Weighted Average Cost of Capital：WACC、ワック）が用いられます。WACCはごく簡単にいえば、借入に掛かるコスト（支払い金利）と株式調達に掛かるコスト（株主の期待配当利回り）を、有利子負債と時価総額の割合で加重平均したものです。

かなり端的に説明しているので、この説明だけではピンとこない読者が多いかもしれません。ここでは、DCF法は検証可能である程度の確度をもって作成された将来FCFとファイナンス理論に基づき算定された割引率により、事業価値・企業価値が計算されている、ということだけご理解いただければ結構です。

ただし、M&Aにおいて、DCF法が適するのは上場企業やそれに準じる大手企業で、しかも業績、および業績予測が比較的安定している業種・業態に限られます。

それは、今後5年間程度の予測損益計算書が作れる程度に精緻な事業予測が立てられないといけないためです。例えば、事業規模が小さく少数の取引先への依存度が高い企業であれば、その取引先との取引終了により業績は大きく悪化するでしょう。そのようなリスクを計測することは困難であるため、こういった企業にはDCF法を用いるのは困難です。また、ゲームソフトメーカーなどは、新作が大ヒットすれば一気に収益が何倍にも増える代わりに、こけると一気に落ち込みます。バイオ関連なども似ていますが、こういった業種の企業の評価にDCF法を用いるのは困難です。

さらにもう1点、割引率として使われるWACCですが、非上場企業の場合は株主コストや資本構成（負債時価と株式時価の割合）の想定が難しいなどの問題があります。

そのような事情により、非上場の中堅企業のM&Aにおいては、DCF法はあまり用いられないか、一応DCF法で算定はするにしても参考程度にとどめるのが一般的です。

なぜ複数の株式評価方法があるのか

ここまでお読みになって、「こんなにいろいろ理解するのは大変だ。そもそも、なんでこんなにいろいろな方法があるんだろう」と思われた方もいるかもしれません。

それは、一口に「会社」といっても、その内実があまりにも違いすぎることが背景にあります。例えば、地方都市で地場の小売店だけを相手に営業しており、成長がほとんど見込めない老舗繊維卸売業の会社も、創業10年でグローバルにビジネスを展開して、売上高が毎年倍増している東京のＩＴベンチャーも同じ「会社」ですし、貸借対照表や損益計算書の構成方法も基本的には同じです。

その両社の株式価値を同じように、「将来の収益見込み」で判断すれば、後者は非常に高い価値が設定される一方、前者は価格が付けられないかもしれません。しかし、時価純資産価額であれば、前者の会社でも一定の客観的な価値が算定できますし、そこに、ほぼ確実な1年分の営業権を加えるという考え方なら、売り手、買い手の双方が納得できる金額となるかもしれません。会社の資産保有状況や第1章の事業のライフサイクルで見たとおり、事業の成長性はさまざまであるため、1社1社異なる状況に置かれた会社の株式価値を一つの方法のみで評価しても、実態や本質と大きく乖離してしまう可能性があることから、複数の評価方法の中から、会社の実情に応じた評価方法が用いられるのです。

そもそも、M&Aにおいて行われる株式価値評価は、学術的な観点で「会社の真の価値」を探ることが目的ではありません。むしろ、会社の良さ（収益力なのか、保有資産なのか）をピックアップして、それを客観的に示しながら、売り手と買い手が同じ土俵で話し合うためのコミュニケーションツールという意味合いを含むと考えたほうがいいでしょう。

そこで、会社の規模や成長性、地域性などに応じて、適したツールを使い分けるためにさまざまな株式評価方法が生み出されたと考えればよいでしょう。

実際の譲渡価格の決定

以上説明してきたような方法により、買い手は初期的なバリュエーションを行います。それによって算出された株式価値に、その時々の事情や需要の強弱を勘案して、希望の買収価格が提示されます。これが、プライシング（価格決定）です。

PEファンドの場合は、投資が本来業務なので、基本的にはいい会社があれば投資をしたいと常に考えています。また、自社がハンズオンすることで成長させることが得意な分野（業種や企業規模）もあります。そのため、自分たちの得意分野で、成長余力が大きいと見込まれる売り手企業に対しては、ハードルレートを超えない程度に、プレミアムを加えて、理論値よりも多少高い価格を提示してくるといったことは、当然あります。ベンチマークのEBITDA

平均が6倍であるところ、プレミアムを乗せて7倍で計算するという具合です。

また、ＰＥファンドの投資ではＬＢＯローンが用いられるので、その時々の金融情勢（銀行の融資可能額、金利水準）も提示価格に影響を与えます。融資額が低くなれば、レバレッジ効果が下がり、ＰＥファンドの最終収益に影響するためです。

さらに、株式相場も影響します。よく用いられるＥＶ／ＥＢＩＴＤＡ倍率方式では、上場企業をベンチマークとするため、株式相場の高騰時には上場企業の株式価値が増えており、ＥＶ／ＥＢＩＴＤＡ倍率の平均が高くなります。逆に相場の低迷している時期は、それが低くなります。

一方、売り手にも事情や供給意思の強弱があります。例えば、次の事業の予定資金が一定金額必要なので、時間がかかってもいいので一定価格以下では絶対に売りたくないとか、逆に、心身の健康がすぐれないため早くリタイヤしたいので、多少価格が低くても早く話をまとめてほしいといったことです。売り手の経営者にとって、仮にM&Aの第一の目的が会社の成長であったとしても他の条件が同じであるなら、なるべく高く買ってもらいたいのは当然です。

しかし、これまで述べてきたように、株式価値は一定の理論的な根拠を持って算定されます。それを完全に無視して、例えば「うちの会社は１００億円の価値があるはず。その値段じゃないと絶対に売らない」と主張しても、その主張が通る可能性は限りなく低いでしょう。

ＰＥファンドは、出資者への説明義務があります。仮に、先に述べたような多少のプレミアムを乗せる場合であっても、それが最終的に出資者のメリットになることを説明できる建て付けになっていなければなりません。逆にいうと、出資者に理論的に説明できないような投資は絶対に行いません。

買い手が事業会社でも、これはさほど変わりません。上場企業は自社の株主利益のために投資をする責任があり、株主に対して理論的に説明できない投資はしません。もしそれを強行すれば、株主総会で追及されたり、最悪の場合は株主代表訴訟を提訴されかねません。非上場企業でも株主利益は常に考慮されますし、取引銀行からの与信判断の目も意識することが通常です。

そのため、売り手の経営者が自社の譲渡価格を考える場合、やはりM＆A仲介会社などの株価算定によって「相場」をつかむことが大切です。そのうえで、一定の理由によって、多少のアップサイドを要求することは、プライシングの範囲としてあり得ることでしょう。

第5章

事例で見る「成長戦略型段階的M&A」

M&Aを成功させた3社の事例を紹介

事業承継型Ｍ＆Ａで事業会社が買い手となるケースは、他の書籍やネットでもたくさんの事例が紹介されています。

しかし、最初から段階的Ｍ＆Ａを目指して取り組まれた事例の紹介は、少ないのではないかと思います。

そこで本章では、私たちが実際にＭ＆Ａ仲介をさせていただいたなかから、成長戦略としてのＭ＆Ａを成功させた3社の事例をご紹介します。

今回、書籍を執筆するにあたって、改めて3社の創業者の方々に、Ｍ＆Ａに至る経緯やＭ＆Ａ前後の事情や心情などのお話を聞かせていただきました。その皆さまの自身の言葉を交えながらまとめてみます。

ただし、創業者と会社にとって重要な情報も含むため、実名を出すことはできませんので、会社名や創業者名、買収金額などは仮のものを用います。それでも、段階的Ｍ＆Ａに至る創業者の心境やＭ＆Ａプロセスなどは参考になると思います。

【事例1】創業メンバーが減り事業が踊り場になった時、M&Aを選んだA社

・業種：生活用品メーカー・通信販売事業
・M&Aの主要目的：創業メンバーによる経営体制からの脱却、事業の再成長
・交渉時の意向表明で提示された買収金額：80億円（ストックオプション5%）～140億円（同0%、アーンアウト条件あり）

A社は2003年に創業されました。創業経営者の仲山氏は、大学を卒業後に就職した会社を1年で辞めて、大学時代の友人たちと一緒に広告制作会社を起業。創業時の仲間は3人でしたが、すぐに友人の友人が入社してきて実質的には6人の創業メンバーでのスタートでした。当初は広告制作会社として地道な成長を続けていたA社でしたが、その後、生活用品の通販事業に進出して成功し、さらに商材の自社開発・委託製造もするようになって急成長を遂げました。

去っていく創業メンバーや優秀な社員

創業から7、8年ほどまで、仲山氏をはじめとした創業メンバーは仕事一筋の生活でがむしゃらに働き続けてきました。しかし創業10年を超える頃になると、創業メンバーたちも30代

半ばに差しかかり、結婚したり子どもができたりと、人生の転機を迎えるようになります。生活が変わると若い時のような働き方もできなくなり、1人、2人と退社する創業メンバーが出てきました。結局、創業メンバーのうち3人が抜けて、残りは仲山氏を含めて3人になってしまいました（あとから加わった1人がいたため役員は計4人です）。

3人目の創業メンバーが辞めた時、ちょうど事業の成長も踊り場を迎えていたこともあり、仲山氏は、会社が将来どうなっていくべきか、切実に考え始めました。

また、それ以前から、せっかく入社してくれた優秀な社員が、ほどなくして退社してしまうことが続いたことも、仲山氏を悩ませていました。退社の意向を伝える社員にその理由をたずねると、「ここは社長と創業役員の方々の会社ですよね」と言われてショックを受けたそうです。自分は社長として会社を成長させることが社員全員のためになると考えていたのに、社員からは〝社長とその友達のための会社〟だと思われていたのです。

そのこともきっかけになり、仲山氏は3人の役員と、A社と自分たちの今後のことについてゆっくり話し合う時間を設けました。そのなかで、一度自分たちの立場をリセットすることも考えたほうがいいかもしれないと伝えると、創業メンバーである2人の役員たちも実はそれを考えていたと話してくれたのです。1人は、自分で新しい会社を立ち上げて経営をしてみたいと述べました。また、もう1人は、子どもの教育のために東京を離れて地方で暮らすことを考えていると話してくれました。

それを聞いて、仲山氏は悩みました。10年以上一緒に働いて会社を支えてきてくれた彼らが、それぞれに新しい夢を抱えているのであれば、これまでの感謝も込めてそれを応援したいという気持ちもあります。しかし現在、実務をバリバリに担っている古参役員が同時に2人も抜けたら、ただでさえ踊り場となっている会社の成長は、さらに停滞してしまうでしょう。

悩んだ結果出したのは、成長を実現できる相手にM&Aをして経営を託し、そこから得られるキャピタルゲインを役員の新しい旅立ちへのはなむけにするという結論でした。当時、A社の株式は約90%が仲山氏、2人の創業メンバー役員が約5%ずつ保有していました。5%とはいえ、キャピタルゲインが得られれば、非上場会社役員が手にできる報酬としては、かなりの額になるはずです。

また、第三者が経営に入ることは、辞めていった社員から指摘された「社長と創業役員の方々の会社」という状態からの脱却にもなるはずですし、それは長期的に見て、会社全体、社員全員の利益にもつながるはずです。

こうしてM&Aを決意した仲山氏は、経営者仲間から紹介されて私たちのところを訪れました。

事業会社へのM&Aや直接IPOではなく成長戦略型段階的M&Aを目指す

相談を受けた私たちがさっそくA社の株式価値について初期的な評価計算をしたところ、高ければ１００億円に届きそうだということがわかりました。もし仮に１００億円で譲渡できたとしたら、５%ずつを保有する役員が得られる売却対価としても十分な額になります。

また、M&Aの目的が、不足する経営マネジメント層の補塡、頭打ちになりつつあった通販事業の再成長といったことであるところから、M&Aの相手としてはPEファンドとして、段階的M&Aを目指すことが最適であると思われました。

仲山氏もPEファンドへの売却からの段階的M&Aという点には賛同し、その方向で進めたいこと、また譲渡希望価格としては１００億円が条件であることを、伝えてきました。

実は、以前A社は、メインバンクの紹介によりある大手企業と資本提携を行いグループ入りした経験がありました。

大手のグループ傘下となることによるメリットも感じられたものの、どうしても親会社の顔色をうかがいながら意思決定をしなければならないとか、さまざまな点で親会社と歩調を合わせなければならないという点に仲山氏は窮屈さを感じ、結局、A社はわずか1年ほどで大手企業との資本業務提携を解消しました。

その経験があったため、自社事業を伸ばすというシンプルな目的ならば、事業会社へのM&Aよりも、ある程度大手でハンズオン経験が豊富なPEファンドに資本参加をしてもらうほうが効率的だろうというのが、仲山氏のもともとの考えでもありました。

また、IPOについては、仲山氏も以前は考えていたということです。しかし、IPOを実現した経営者仲間からさまざまな話を聞いていくうちに、常に高いレベルで事業成長を求められること、四半期ごとの短期的な成果を求められること、さらに成果を常に公表し市場からの評価にさらされることなど、自分にとっては相当きついプレッシャーになるだろうと感じるようになりました。そのうえ、Ｍ＆Ａと比べてＩＰＯのほうが、直接入手できる現金は少なくなるとも聞かされました。

そんなことから、少なくとも自分が社長のままでＩＰＯを実現して上場企業となったA社を経営していくことは、選択肢には入らないと仲山氏は考えていました。ただし、会社にとってはＩＰＯによるメリットがあることも間違いないので、後継者に経営のバトンを渡して、その後継者がＩＰＯを目指すのであれば、それには反対する理由はないとも思っていました。

その点からも、段階的Ｍ&Ａの一段階目で仲山氏が経営のトップからは退き、後継者にバトンを渡し、経営サポートに長けたＰＥファンドに助けてもらいながらA社をまかせ、その後状況によってはＩＰＯを目指すという方法は、ベストであると思われたのです。

面談で感じたＰＥファンドの姿勢の差

ＰＥファンドを買い手候補として想定したため、Ｍ&Ａは入札方式とし、１次入札には6社のＰＥファンドが参加しました。買収金額について、仲山氏は入札前から１００億円という目安を示していましたが、それに対して各社が意向表明書において提示してきた金額は、最低が

80億円程度、最高が140億円程度（いずれも株式100%分）と、かなりのバラつきがありました。

ただし、買収金額の上位2社にはアーンアウト条件が付されていました。アーンアウトとは、将来の一定時点での経営数値目標が設定され、それをクリアしていた場合にのみ支払いがされるという条件です。

例えば、最高額の140億円の提示がされた入札では、そのうち40億円に「アーンアウト条件」が付されていました。M&A実施の翌期にEBITDAが一定数値を超えていれば40億円のうち20億円、さらにその翌期にEBITDAが一定数値を超えていれば追加で20億円を支払うという内容だったのです。当然その目標数値をクリアできなければ追加の支払いはありません。これはPEファンド側のリスクヘッジの一種です。

逆に提示金額の低かったPEファンドでは、その分レベニューシェア的な仕組みを取り入れていたり、ストックオプションを厚めに設定していたりといったこともありました。そのため、単純に譲渡価格だけでは比較できないのですが、総合的に考えると、金額面ではどのPEファンドの提案も、仲山氏にとっておおむね満足できるものでした。

一方、意向表明書におけるバリューアップ方針、つまりハンズオン施策については、かなり内容や具体性が異なっていました。あるPEファンドは、現在の企業文化を活かしながら、経営陣と相談しながら決めていくといった程度の（実際はもっと言葉を費やしていますが）抽象度の高い運営方針しか書かれていません。別のPEファンドは、それまでにそのファンドが出資した同業種企業のハンズオン事例において事業がどう変化したのかを掲載して紹介しながら、同様の施策をA社でも実施すればどれくらいの業績拡大が見込めるかといったシミュレーションまで具体的に記載されていました。

さらに、その後の各社の担当者との面談から得た印象もまったく異なるものだったといいます。

仲山氏は、M&Aの成立後、現取締役の佐々木氏（創業メンバーではない役員）に代表取締役をまかせ、自らは代表権のない会長職に就くつもりで、佐々木氏にもその旨の了解を取っていました。ファンドとの面談には佐々木氏も同席していますが、やはり対話の中心は仲山氏になります。そこで仲山氏は、ファンドが提案する内容もさることながら、このPEファンドが入って、佐々木氏が社長としてやりやすいかどうかということを、細心の注意を払って観察していました。

そのなかで、次のようなことがあったといいます。

「ある会社の事業の提案内容が、具体的で面白いと思ったのです。そこで、細かい話になった時に、いろいろ聞いていくと、先方から『それはうちが考えることですから』みたいな言われ方をされて、あれっと思ったことがありました。この人たちと組んだら、こうやって上から目線で指示されるような関係になるのか、それじゃあどんなにいい内容だとしても、佐々木がやりにくいだろうと思ったら、気持ちが冷えてしまいました。

一方では、株式の保有割合は違っても、対等なパートナーシップで一緒にやっていきましょう、という姿勢を言葉で明確に示すファンドもあって、その違いは大きいと感じました」

PEファンドにより補填された新メンバーに驚いたこと

結局、仲山氏は、6社の中では中間程度の譲渡価格を示していたXファンドと株式譲渡契約を締結しました。売却した株式は、仲山氏は保有分の95％程度、2人の創業メンバー役員は保有分のすべて、そして、2％程度を保有していた佐々木氏はまったく売却せずにそのまま保有を続けることになりました。

株式売却後も仲山氏は経営会議には参加し、新社長である佐々木氏のサポートをするなど、経営関与を続けています。これは、Xファンドとの契約の中において3年間のロックアップ（会長職にとどまり経営に関与すること）が定められていたことにもよりますし、仲山氏自身が、まだ会社に関わり続けていたいという気持ちが強かったためです。

M＆Aで一定のイグジットを果たした仲山氏が、経営関与の意欲を失っていないことの理由には、Xファンドから送り込まれた非常に優秀な新メンバーに刺激されたということもあったそうです。新メンバーは常勤2人と非常勤2人でした。常勤はCFOおよびその補佐をする若手社員でXファンドの社員です。ほかに、通販事業のプロとして多くの通販会社をサポートしてきたコンサルタントと総務人事系のコンサルタントが非常勤の取締役になりました。

仲山氏は、それぞれの新メンバーが非常に優秀なことに加えて、人物的にもまったく嫌みがない好人物であることに驚いたと言います。

「Ｘファンドさんが推している人材ですから、優秀な人であることは、ある意味予想どおりです。そうでなければ困りますから。しかし、人柄的にもとても好人物だったことは、予想外でした。私たちだけではまず採用できないようなこんな優れた人たちに入ってもらえただけでも、このＭ&Ａは大成功だと考えています。今では、旧メンバーともすっかり打ち解け、本当に一丸のチームとなって次の目標に向けて進んでいます」

「投資をしてくれたＰＥファンドに損はさせたくない」

Ａ社にとって、将来の大きな目標はＩＰＯなのですが、目先では新ＣＦＯが中心となり、同業の通販会社のＭ&Ａ（買収）を進めています。以前にも、成長の壁を乗り越えるための買収案件がＡ社で検討されたことがあったそうです。しかし、すでに会社の借入に対して10億円以上の個人保証をしていた仲山氏にとって、そこからさらに数億あるいは10億円以上借入を増やして買収資金を手当することは、かなりのプレッシャーに感じられ、結局実現には至りませんでした。

しかし、今はＰＥファンドが入りファイナンスの選択肢が広がったことで、買収による迅速な拡大成長戦略を取ることができるようになったのです。

また現在、仲山氏は個人として、M&Aによって得られた資金で国内外のベンチャー企業などに若干のエンジェル投資を行っています。しかし、別会社で自ら新事業を起業するといったことは、今のところ考えていないそうです。

「投資をしてくれたXファンドさんに絶対損はさせたくないですから。Xファンドさんのイグジットまでは、私もしっかりA社で働いて結果を出さなければならないと思っています。といっても、日々プレッシャーを感じているようなことはなくて、ある程度自由に動かせてもらっているので、本当に良い感じで働けていて、楽しいですよ」

仲山氏は、現在の充実した状況について、そのようにまとめてくれました。

【事例2】社員採用の壁を乗り切るため、IPOを目指してM&Aを実現したB社

・業種：業務用システム開発
・M&Aの主要目的：株式公開（IPO）を果たすため
・交渉時の意向表明で提示された買収金額：85億円（ストックオプション20％）〜110億円（同0％）

B社は2006年創業、M&A時点で社歴13年ほどの業務用システムの開発会社でした。

創業者の佐藤氏は大学を卒業後、外資系の開発会社P社でエンジニアとして働いていました。親族に、創業経営者がいたこともあり、佐藤氏も学生時代から、いつかは会社経営をしたいと思っていたそうです。そこで佐藤氏は、実力主義で、高い成果を出せば年功に関係なく出世が可能だろうと考え外資系企業に就職して、いずれは社長に就きたいという目標のもと、がむしゃらに働きました。また、それは単なる権力欲のようなものではなく、いずれスティーブ・ジョブズ氏やビル・ゲイツ氏のように画期的なプロダクトを作ることで、新しい文化を創造したいという理想に燃えたものでした。

しかし、入社して5年ほど経ち外資系といっても組織としては日本法人であるため、一定の年功的な昇進ルールの枠が定められており、組織の上層部を目指すにはどうしても時間が掛かるという現実に直面することが多くなりました。

そこで、転職を考えて上司に相談したところ、それなら今まで担当してきたクライアントの案件など、仕事を回すから自分で起業をしてはどうかといわれ、佐藤氏は思い切ってB社を起ち上げたのです。

社員ファースト経営

約束どおり上司が仕事を回してくれたため、B社は創業直後から順調に売上を立てることができました。創業時から仕事があったため、すぐに友人や大学の後輩などのつてをたどって、創業メンバーと呼ぶべき社員も集まってきました。P社の紹介以外からの受注も徐々に伸ばして、創業から5、6年ほど経った頃には佐藤氏は開発の現場からはほぼ離れ、経営者としての仕事に専念するようになりました。そして、創業から10年ほどで、社員50人、売上高15億円を超える規模にまでB社を成長させたのです。

もちろん、そこまでに何の苦労もなかったわけではなく、大小多くの壁を乗り越えてきました。佐藤氏は、会社が壁を乗り越えてこられたのは、自分の力ではなく、創業以来一緒に働いてくれたメンバーがいたからこそだと考えています。というのも、比較的人材の流動性が高いIT業界において、B社では創業期のメンバーがだれ一人として辞めることなく、会社を支えてくれていたからです。そのため佐藤氏は、社員を幸せにする〝社員ファースト〟の経営こそ、自分にとって一番大切なものだと常々考えていました。実際、B社の給与などの待遇面は業界平均よりもかなり高い水準でした。

しかし同時に、その時期から佐藤氏は自分の経営に、少しずつ限界を感じるようになったといいます。

経営者として感じた壁を乗り越えるため、社長を降りる

その理由の一つは、大規模な組織のマネジメント経験がなかったため、今後、これ以上の規模に会社を育てるうえで、自分だけでやっていけるのかという不安です。また、もう一つは、その頃からＩＴ業界では人手不足が顕著になり、優秀な人材の採用ができなくなってきたことです。ソフトウェア開発事業はどうしても労働集約的な面があるため、優秀なエンジニアの採用が、事業のボトルネックになりがちです。

「このまま自分が社長を続けても、Ｂ社を大きく成長させることは難しいかもしれない。しかしそれでは、社員に申し訳ない」

そう考えた佐藤氏は、以前からたびたび経営の相談に乗ってもらっていた、Ｐ社時代の上司で、その時は役員になっていた川上氏に、Ｐ社を辞めてＢ社の社長になってくれないかと申し出ました。当初は驚いていた川上氏でしたが、佐藤氏に熱心に口説かれるうちにその気になってＰ社を退職し、1年間Ｂ社の副社長を務めたあと、佐藤氏に替わって代表取締役に就任しました。その時点で佐藤氏は代表権のない取締役会長になりましたが、Ｂ社株式については佐藤氏が引き続き１００％を保有していました。また、必要な範囲で経営への関与も続けました。

第2創業期を経て、ＩＰＯを目指す

川上氏は大手外資系企業で役員を務めていただけあり、やや成長スピードが落ちていたＢ社の業績を3年ほどで大きく伸ばしました。佐藤氏はこの時期を、Ｂ社の「第2の創業期」と考えています。

しかし急成長を遂げたがゆえに、かえって人材不足というＢ社のボトルネックが大きく顕在化してきました。川上氏もいろいろ手を打ったものの、どうしても知名度が低い非上場企業ゆえの限界が感じられました。

一方、会社の成長に伴って、営業的にも東証一部上場の大手企業などにアクセスすることが増えたのですが、非上場企業であるがゆえに取引口座が開設できず、子会社や代理店を挟んで取引しなければならない、あるいは取引口座開設はできるものの、信用調査に非常に時間が掛かるといった問題も生じるようになってきました。

また、それまで業界平均よりも高い給与水準で社員に報いてきたB社ですが、業界平均を上回る上昇率を永久に続けるわけにはいきません。給与アップ以外で社員に報いる方法も必要になってきます。そんななかで、社員の間からは、うちもそろそろ上場を目指してもいいんじゃないか、といった声が聞かれるようになってきたといいます。上場による会社のステータス向上や、ストックオプションによる利益は社員への大きな励みになるでしょう。

そこで、佐藤氏と川上氏は、第2創業期を超える新たな成長ステージに立つための手段として、IPOを目指すことを決めたのです。

成長戦略型段階的M&Aへ

創業経営者の中には、最初からIPOを目指して起業する方もいます。しかし佐藤氏の場合は、IPOも、M&Aによるイグジットも、その時までまったく考えていなかったそうです。

それもあって、ＩＰＯを目指すとは決めたものの、自社内だけで実現することはハードルが高いと考えて、情報を集めていました。共通の知人を介してそれを知った私がお力になれればとお声掛けをしたことが、私たちが知り合ったきっかけです。

Ｂ社の状況の説明を受けた私たちは、ＰＥファンドへのＭ&Ａを経た段階的Ｍ&ＡでＩＰＯを目指すのがベストではないかと提案し、佐藤氏もそれに納得して、その後何度かの打ち合わせを経て、正式にアドバイザリー契約が締結されました。

佐藤氏は、Ｍ&Ａを検討するにあたって、私たち以外の大手Ｍ&Ａ仲介会社にも相談をしていました。会社の譲渡という重大な決断をするにあたって、複数からの情報を集めるのは当然のことでしょう。仲介会社の比較検討をしたうえで、最終的に私たちと契約することを決めていただいた理由については、こう語っていただきました。

「最大の理由は、ｆｕｎｄｂｏｏｋの担当者の熱意と知識です。私たちがどうしてＭ&Ａをしたいのか、ひいてはどうしてＩＰＯを目指しているのかを完全に理解して、そのために動いてくれたということですね。

例えば、上場している大手Ｍ&Ａ仲介会社にも相談しましたが、そこはＰＥファンドも事業会社も含めて、ｆｕｎｄｂｏｏｋさんよりたくさんの買い手候補を提示してくれました。それはそれで良い面も感じられたのですが、ただ、私たちの意向は最初から、会社の成長と社員に報いることのためにＩＰＯするということが明確でした。ところが提示された買い手候補には、ＩＰＯを目指すうえでのＭ＆Ａの相手としては疑問に感じられる候補も入っていたのです。それを見て、私たちのことをちゃんと理解してくれているのかな、という不安を感じたことは事実です」

数字ではなく真意を理解してもらえたことが決め手に

私たちの担当者が佐藤氏の想いを理解していたという点は、１次入札の時に決定的になったといいます。

佐藤氏は、希望する譲渡価格について、最初からある一定の金額を示しており、それ以下では絶対に譲らないと主張していました。Ｂ社は、業績も財務もかなり優良な企業でしたが、ＥＶ／ＥＢＩＴＤＡ倍率などから考えると、その希望価格はやや高過ぎるのではないかと私たちには感じられました。しかし佐藤氏は、自分が人生を賭けて築いてきた企業であるのだから、それ以下の価格での譲渡は考えられないし、もしそれ以下の金額で入札するＰＥファンドがあれば、その会社の意向表明書を見る必要はないと伝えていました。

Ｂ社の１次入札には10社のＰＥファンドが参加しました。その中から、完全に条件に合わないと思われる４社を除いて、６社の意向表明書を検討候補として佐藤氏に提示しました。ところが、その中には佐藤氏が希望した最低価格よりも15％も低い価格を提示してきたＹファンドが含まれていたのです。ほか５社はすべてが希望価格以上を提示しています。

佐藤氏はすぐ担当者に電話をし、これはどういうつもりなのかと問い詰めました。しかし、担当者は落ちついて「提案内容をよく見てください」と説明しました。

意向表明書の内容をよく確認するとＹファンドの譲渡希望価格は他社よりも低かったものの、社長、役員はもちろんのこと、付与数量は異なりますが、全従業員へのストックオプションの付与が提案されていました。そのため、ストックオプションの付与総量が他社より桁違いに多かったのです。これは、創業者利益を減らす一方で、その分、役員・社員に利益をもたらしませんかという提案だともいえます。

「やられた！と思いました。その時までは正直言って、ＰＥファンドのＭ＆Ａって〝数字だけ〟の世界じゃないかと疑っているようなところもあったのです。それでも、ＩＰＯを実現するために力を借りるのだから仕方ないかな、と。だから、私が提示していた希望価格も別に論理的ではなく、あえて〝想い〟としての金額を出したんです。それに対して、数字の計算だけで価格を下げるような話だったら聞きたくないと思っていました。ところが、Ｙファンドさんも、それをぶつけてきたｆｕｎｄｂｏｏｋの担当者も、本当に私の心情やうちの会社のことをよく理解してくれていると驚いたのです」

その後の面談においても、Ｙファンドが、なんのためにＩＰＯを目指すのかという自分たちの真意を理解しており、それに向けてしっかりとしたハンズオンのサポート体制も組んでもらえると確信した佐藤氏は、Ｙファンドと合意し、Ｍ＆Ａを実現させました。

なお、佐藤氏が意向表明書を確認した6社のPEファンドの提示価格ですが、最も低かったYファンドの提示価格と、最も高かった別ファンドの提示価格との差は約25億円でした。

つまり、もし最高値の提示価格を示していたファンドと契約していれば、佐藤氏は25億円もの現金が追加で得られたはずです。その点について、佐藤氏は正直に、25億円の差には少し悩んだと言っていました。しかし、Yファンドの提示価格だけでも、十分に大きな金額です。そこにあと25億円が追加されることで、自分の人生がどれだけ豊かになるのかと考えたとき、それはあまり変わらないだろう、それよりも、ストックオプションやIPOによって、会社の仲間が笑顔になるほうが、自分にとってはよっぽど嬉しいことに違いない、と考え、佐藤氏は追加の25億円を捨てて、Yファンドとの契約を選んだのでした。

自由に使える資金を得て、新しい文化の創造へ

一般的に、M&Aの実行については、契約成立後に社員に説明するものですが、佐藤氏は、M&Aを考えていることについて、比較的早期（私たちとの契約締結後）に社員に説明していました。やはり社員を一緒に働く仲間として大切にする考えからです。

しかし、PEファンドへのM&Aから段階的M&Aを目指すという方針を伝えたところ、半数以上の社員が賛意を示してくれたものの、3割ほどの社員からは反対や懸念の声が上がったそうです。これは佐藤氏も意外だったようですが、よく話を聞いてみると「自分はこの会社が

大好きなのに、ＰＥファンドなんかが来たら会社が変えられてしまう」「佐藤会長と一緒だから頑張ってきたので、トップがほかの人になるのは困る」といった、誤解に基づくものがほとんどでした。

そこで、私たちも佐藤氏と同席して、経営支配権が替わっても社員の意向を無視した経営は行われないこと、佐藤氏も一部株主として残り完全に会社から離れるわけではないこと、会社の良さは変わらないことなどを、ていねいに説明しました。最終的には、社員もほぼ全員がＭ&Ａに賛成してくれるようになり、スムーズなＭ&Ａ後の移行が実現しました。

現在、Ｂ社にはＹファンドの社員が取締役として入り、また、Ｙファンドの紹介で外部から招いたＣＦＯとともに、ＩＰＯの準備を着実に進めています。特に大きなトラブルが発生しない限り、おそらく今後2~3年以内にはＩＰＯが実現するのではないかと思われます。

また、佐藤氏は、Ｍ&Ａによって得られた資金を元手にして新たな事業を複数立ち上げています。自由に使える個人資産を得たことにより、学生時代からの夢だった「新しい文化の創造」に、ほかのことを気にすることなく取り組めるようになったのです。その点からも、佐藤氏は、今回のＭ&Ａは大成功だったと振り返りました。

【事例3】将来1000億円企業の経営をするために、経営者人生のリセットを図ったC社

・業種：業界特化型人材派遣業
・M＆Aの主要目的：新規事業に取り組むことでの経営者としての再成長
・交渉時の意向表明で提示された買収金額：30億円（ストックオプション10％）〜35億円（同5％）

C社創業者の井口氏は、大学卒業後、人材派遣会社Q社で主に法人営業担当として働いていました。社内でもトップクラスの成績を挙げ、仕事に不満はなかったといいます。しかし、井口氏が入社して7年目の2009年、リーマンショック後のリセッションで人材派遣業界は業績が急速に悪化します。業界では中堅どころの規模だったQ社では人員削減だけがどんどん進められ、その一方で経営トップからは経営立て直しのための積極的な改革プランは打ち出されません。業を煮やした井口氏はQ社経営陣に、新事業プランなどを何度か提言しましたが、一向に聞き入れてもらえませんでした。

同僚や後輩を引き連れての起業

会社の将来性に疑問を感じた井口氏は、退職して起業することを考え始めました。

それとなく同僚や後輩の感触をさぐってみると社内トップクラスの営業力を持ち人望も厚

かった井口氏のもとで働きたい、起業をするなら一緒に連れて行ってほしいという人が何人もいました。

そこで、井口氏は意を決してＱ社を退社。ほどなくして２０１２年に起業したのが、ある業界に特化した専門人材派遣会社のＣ社です。10人ほどの同僚や後輩も井口氏と前後してＱ社を辞め、Ｃ社に参加しました。

そのとき井口氏には、自分が辞めて起業するだけならともかく、ほかの社員も引き連れての同業での独立となると、長い間世話になったＱ社を裏切るような形になるので申し訳ないという気持ちが強くありました。そのため、社長は自分や、Ｑ社出身の人間ではなく別の人にまかせたいと考えていました。たまたま、古くからの友人でソフトウェア開発会社に勤めていた豊島氏と別の用事で話していたところ、転職を考えているということがわかったので、それなら、社長をやってみないかと持ち掛けたところ、二つ返事でＯＫが得られました。こうして、豊島氏を代表取締役社長、井口氏は代表権のない専務取締役としてＣ社はスタートしました。ただし、開発会社でエンジニアだった豊島氏には、人材派遣業の知識はまったくありませんから、最初は営業の実務経験から学んでもらいました。また、旧Ｑ社のメンバーも井口氏を慕って付いて来てくれた人たちなので、実質的な組織トップは井口氏であり、株式も１００％を井口氏が保有していました。

もともと、井口氏の営業力は抜群であり、またちょうどその頃から始まったアベノミクス経済の恩恵も受けて、C社は急成長を実現しました。

創業から3年ほど経った頃、そろそろQ社への義理立てもしなくていいだろうと考え、井口氏は代表取締役CEOに就き、C社は2人代表の会社となりました。

経営者としての成長に限界を感じる

その後もC社は急成長を続け、創業6年目には東京本社のほかに、初めての支店を大阪に開設し、売上高は10億円を超えました。順風満帆に見えたC社ですが、実はこの頃から、井口氏は経営者としての成長という点で悩むようになりました。

前職で、衰退していく会社の悲哀を目の当たりにした井口氏は、会社というのは成長していくからこそ社員を幸せにできるし、社会的にも意義があるのだということを痛感しています。

しかし、C社がさらなる成長を目指すためには、全国に支店を展開していくためのファイナンス、人材育成、営業力強化など、多くの課題があります。これまで経営者としてさまざまなことを学び、自分も成長しながら会社を成長させてきたものの、ここから先、売上高100億円、あるいは1000億円の企業になるまでさらに自分を成長させながら続けていけるのか、という不安を感じるようになったのです。

当時、井口氏の耳には、そろそろIPOを目指してはどうかという周囲からの声も入るようになってきました。しかし、井口氏はIPOというのは目的ではなく、あくまで会社の資金調達の手段であり、ＩＰＯ後にその獲得した資金をどう使って会社を成長させていくかが重要なので、それをゴールのように捉えるのはナンセンスだと考えていました。そして、ＩＰＯ後、獲得した資金によりさらなる事業投資をして、会社を成長させていくための手腕が、今の自分にはまったく足りないと率直に認識もしていました。

その一方で、急成長を続けるC社の井口氏のもとには、多くのＭ＆Ａ仲介会社からの売却や買収の提案営業が頻繁に入るようになっていました。それらの提案を受けるうちに、Ｍ＆Ａという選択肢が、現実的に検討されるようになってきたのです。

M&A仲介業界に感じた不信

井口氏は、さまざまなＭ＆Ａ仲介会社からの営業提案があると、とりあえず会って話は聞いてきました。しかしその際に得た感触は、あまり良いものではなかったと言います。

「私も長く営業の仕事をやってきたので、人を見る目はあるほうだと思っています。ほとんどのM&A仲介会社の営業担当者は、口では『御社のことを考えて最適な提案を……』とか常套句を言うのですが、結局、私たちを〝売り手候補リスト〟の一部としてしか見ていないということは少し話せばありありとわかります。御社のＥＢＩＴＤＡはこれだけで、今の相場なら何倍まで出ますよとか、そんなことしか言わないですから。でも、創業経営者にとって、少なくとも私にとっては、会社ってそんなものではないんです。私は自分の会社をそれこそ、赤ちゃんから育てた子どものように思っています。その会社を手放そうかどうかという話なのに、まずEBITDA倍率の話なのかと、不信を感じたのです」

M&A仲介業界全般に対する不信感も芽生え始めていたという井口氏は、しかし、私たちの営業担当者に会って、その考えが変わったと言います。

「fundbookの担当者は、他社とは雰囲気が全然違いました。強く押してくるようなところがまったくなくて、しかも数字の話もこちらが聞かなければ言わないですし、まず私の気持ちに寄り添おうという姿勢が、ほかのM&A会社とはまったく違いました。経営者の心情、あるいは経営者というものをよくわかっているなと感じて非常に信頼できました」

私たちの担当者、ひいては私たちの会社が信頼できるとご判断いただいた井口氏から、アドバイザリー契約を締結していただきました。

企業文化を残すための必要最低限のハンズオン

井口氏のM&Aの意図は、一度C社を離れることで経営者としての自分を見つめ直し、学び直して、より大きな経営ができる経営者に成長したいというものでした。

幸い、C社には共同代表の豊島氏がいますので、後継経営者の選定に悩むことはありません。豊島氏に一任したあとは、彼なりの経営を行ってもらえばいいのですが、やはり豊島氏だけにその重責を負わせるのは、荷が重いと井口氏は考えました。

また、C社の中核を担う古参社員は、井口氏とともにQ社から移動して来た人たちです。自分とそのメンバーたちが築いてきた会社の文化やスタイルを、少なくともすぐには変えてほしくないという希望もありました。そんなことをすれば古参社員が離反しかねません。元の企業文化を最大限尊重し、必要な範囲で経営支援も行うということであれば、M&Aの相手は事業会社よりもPEファンドのほうが適しています。

そこで私たちはPEファンドの買収を経ての段階的M&Aを提案しました。井口氏は自分はC社の経営から離れるつもりなので、ファンドのイグジット時の方針については、特にこだわらないという考えでした。一方、豊島氏のほうには、ぜひIPOにトライしたいという意向がありましたので、基本的にIPOを目指したM&Aという前提で、ファンドの入札をかけました。

1次入札には5社のPEファンドが参加しましたが、意向表明後の面談を経て、Zファンドを相手として2次入札に進んでもらうこととなりました。決め手になったのは、Zファンドの提案内容と経営陣の人柄だったといいます。

Zファンドの提案内容は、C社の文化を最大限に残すことに配慮しつつ、必要な支援を行うというものでした。その1つの表れが、Zファンドから補填される人員は、CFOが1人だけだという点です。

「PEファンドと組むなら、優秀な人をたくさん入れてもらって、強いハンズオンをしてもらうほうがいいという考え方もあると思います。ただ、そうするとどうしてもファンド主導の経営になり、会社のカラーが変わってしまうでしょう。企業のカラーを作るのは人ですから。だから私には、最初からＰＥファンドが強引に主導するのではなく、まず必要最低限のハンズオンだけをしてもらい、あとは必要が生じた際にその都度相談をしてくれれば必要な支援をしますよ、というスタイルのＺ社の提案が響きました」

マリッジブルーならぬ、〝M&Aブルー〟で取引中断に

買収相手は、すぐにＺファンド1社に絞られたものの、その後の最終交渉の段階で一度交渉がストップしています。

それは、井口氏のなかで、本当に会社を売ることが正しいのか、迷いが生じたためです。自分が人生のすべてをかけて育ててきた会社を売ってしまったら、自分の人生は空っぽになってしまうのではないか、また、自分以外の人間にＣ社を成長させることなどできないのではないかなど、不安や疑念が大きくなってきたのです。

井口氏は私たちの担当者に、申し訳ないが今回の件はやめにしたいと伝えてきました。

担当者はすぐに井口氏、豊島氏と会って話を聞いたうえで、Ｚファンドに事情を説明し、しばらく時間をほしいと伝えました。こういうとき、ＰＥファンドによってはディールブレイク（破談）にしてしまうこともあるのですが、Ｚファンドの経営陣は事情を理解し、待っていた

だけることになりました。

実は、Ｍ&Ａ取引の終盤に差しかかったとき、井口氏のような気持ちになる売り手経営者は少なくないのです。幸せな結婚を夢見ていたのに、いざ結婚式が近づくと不安や憂鬱が強くなる「マリッジブルー」と呼ばれる状態になってしまう人がいますが、それに似ているかもしれません。しかし、「マリッジブルー」になったからといってそこで結婚式を中止してしまえば、多くの場合、一生後悔することになるでしょう。Ｍ&Ａも同様で、一時的な気分で中止にしてしまえば、そのほうがあとで悔やむことになるはずです。

担当者は井口氏に、Ｚファンドも待ってくれると言っているので、中止ではなく一時中断ということにして、落ちついて考え直してみることをすすめました。そのうえで、本当にやめたいとなるのであれば、それは仕方ありません。

井口氏はそれに同意して、時々担当者に連絡してその時の気持ちや悩みを打ち明けながら、経営者としての自分が採るべき行動を見つめ直し、やはりＭ&Ａをすることが自分にとってもＣ社にとっても良いのだという結論に達しました。

こうして、１カ月以上の中断期間がありましたが、取引が再開され最終契約に至ったのです。

株は１００％売却し、ストックオプションで二段階目のイグジットを目指す

Ｍ&Ａ時に、Ｃ社株は98％を井口氏、２％を豊島氏が保有していました。今回の譲渡に際し

ては、両氏ともにそのすべてをZファンドに譲りその後速やかに両氏に5%ずつのストックオプションが付与されました。100%の売却なので、二段階目の利益は、ストックオプションによってのみもたらされる形です。このような形の段階的M&Aもあります。

契約が成立した直後、井口氏は会社のデスクを整理して荷物を持ち帰り、以後、特に用事がない限りは、C社に顔を出していないそうです。

井口氏に、今回のM&Aを100点満点で評価したら何点くらいになりますか、とたずねたところ「99点」という答えが返ってきました。

「取引自体にはなんの不満もありません。でも、たまに用事があってC社に行ったとき、元気に働いている社員たちを見ると、〝ああここはもう自分の会社じゃないんだな〟と、無性に寂しい気持ちになります。そこがマイナス1点ですね」

そう語る井口氏は、今はM&Aで得た資金を元手として、まったく別のビジネスを構想し、起業準備をしています。やがてそれが大きく成功して、マイナスの1点も埋められ、完全に100点だったといえる日が訪れることを私たちも願っています。

第6章

「創業者利益の確保」&「会社の持続的な成長」を両立

パートナー選びがM&Aの成否をわける

M&A仲介会社とは

本書の最後に、M&Aを成功させるうえで重要な要素となるM&A仲介会社とはどんな存在なのか、その役割や、選び方などについて簡単に触れておきます。

M&A仲介会社は、その名のとおりM&Aを希望する売り手と買い手の間に立って、中立的な立場から両社を仲介し、取引の成立をサポートする会社です。

M&A仲介会社の基本的な業務には、大きく2つの内容があります。

1つは、会社や事業の譲渡を検討する売り手をサポートする内容です。第4章で詳細に説明しているとおり、検討段階から買い手探し、契約、クロージングまで、一貫して売り手をサポートし、M&Aの成功に導きます。

そのためにも欠かせないのが、もう1つの業務の内容である、買い手候補の探索・収集です。ある程度の規模と実績を持つM&A仲介会社なら、すでに数千社の買い手候補企業のアカウントを有し、売り手候補からの相談を受けたときに、その中から適切な買い手候補を何社も選定、紹介することができます。

ちょうど、不動産賃貸の仲介会社が多くの賃貸物件情報を常にストックしていて、「部屋を借りたい」と相談すれば、希望条件や予算などを聞いてすぐにいくつも候補を出してくれるのと似ています。その際、不動産仲介会社を通さずに、自分で空き部屋を探してきて直接契約をしてもかまわないわけですが、そんなことをする人はほとんどいません。手数料を支払ってでも不動産仲介会社に間に立ってもらったほうが、ずっと早くて簡単で、しかもトラブルが少ないからです。

Ｍ＆Ａも同様で、売り手が自分で買い手を探してきてもいいのですが、多くの買い手候補企業がＭ＆Ａの検討に参加しないと価格や諸条件に競争原理が働かないことや、買い手のほうが経験豊富であることが多いことにより、売り手にとってＭ＆Ａが不利に働いてしまうことを懸念し、現実的にはほとんどの売り手が仲介会社のサポートを得て、Ｍ＆Ａを実現します。もちろん、費用は発生しますが、それ以上に、公平であとのトラブルが抑えられるなど、多くのメリットがあるためです。

Ｍ＆Ａ仲介会社に支払う費用、報酬体系

売り手がＭ＆Ａ仲介会社と契約した際に支払う必要がある費用についてご説明します。
一般的に、Ｍ＆Ａ仲介会社でよく用いられている費用項目には、次のような種類があります。

①着手金

アドバイザリー契約を締結した時点で発生する費用です。

②中間金

基本合意の締結など、取引が一定の節目を越えた段階で発生する費用です。

③成功報酬

最終契約が締結され、クロージングした段階で発生する費用です。取引金額に応じて段階的に、その何パーセントと料率を定める方式（これを「レーマン方式」と呼びます）が用いられることが一般的です。

これらのすべてが必要になるという意味ではなく、M&A仲介会社の考え方によって、いずれかが採用されます。よくあるのは、①着手金＋③成功報酬、または、②中間金＋③成功報酬のパターンでしょう。

なお、着手金や中間金は、クロージングした際の成功報酬に充当することもありますし、成功報酬とは別立てで計算されることもあります。ただしどちらも、途中でM&Aが破談して成立しない場合でも返金されないのが普通です。

M&A仲介会社とFA（ファイナンシャル・アドバイザー）の違い

実は、Ｍ&Ａ仲介会社という形態は日本独自のもので、諸外国にはほとんど存在しません。海外では、Ｍ&Ａに際しては、売り手と買い手、双方がファイナンシャル・アドバイザー(Financial Adviser：FA) と呼ばれる助言者を雇い、そのＦＡがそれぞれの雇い主の立場で助言したり、買い手候補を探して、交渉してくれたりすることが普通なのです。

日本でも、国内金融機関、外資系投資銀行や法律事務所、会計事務所、コンサルティングファームなどがＦＡ業務を行っていますし、Ｍ&Ａ仲介会社がＦＡとしてＭ&Ａに関わることもあります。

では、仲介とＦＡとの違いはどこにあるのでしょうか。

まず、ＦＡが扱うのは、譲渡価格が数百億円以上となるような大型案件が中心となります。特に上場企業のＭ&Ａの場合は、ＦＡが関与します。例えば、東芝やシャープといった大企業が、子会社あるいは事業部門をＭ&Ａにより売却する場合には、その買い手候補となるような企業は自ずと限られます。そういうときに、第４章で説明したような、数百社のロングリストを作って、ノンネームシートを提示して……、などという仲介プロセスを踏むことは非現実的だということは、想像できるでしょう。

このような場合には、売り手側ＦＡが想定した限定的な買い手候補企業の経営企画部やファンドマネージャーに直接連絡し、初期的検討を行います。本格的に検討を進める場合は、買い手候補企業側も別のＦＡを起用して意向表明書提出・ＤＤ・最終交渉をして取引を進めていくわけです。

一方、非上場の中小・中堅企業が、数億円から100億円程度で会社を売りたいという場合、対象会社に知名度がなく、上場企業の事業部門や子会社と比較して事業実態が不明なことが多いため、いかに多くの買い手候補企業を集められるのかという点が、一つのポイントになります。そういうとき、仮にFAに依頼をしてもFAは全国の買い手候補企業の最新情報を常にストックしているわけではないので、買い手を集めてくることが困難です。そこで、そういった案件は、常時数多くの買い手候補企業の情報をストックし、対象会社の事業実態を企業概要書の作成を通じて理解・把握している大型のM&A仲介会社が扱ったほうが、適切なマッチングがされやすいという点から、売り手にとってメリットがあるのです。

M&A仲介会社を選ぶ際のポイント

M&A仲介会社に相談・依頼をしようとする際に、どの会社を選べばいいのか、迷われる方も多いでしょう。私は、以下の3点が特に重要なポイントだと考えています。

①M&A仲介会社の基盤・体制

まずM&A仲介会社の基盤ですが、これは端的にいえばどれだけの買い手候補企業の情報を持っているかという点です。先に述べたように、多くの買い手情報を抱え、売り手に対して提示できるところがＭ＆Ａ仲介会社の重要な特徴であり、売り手が満足できるＭ＆Ａを実施するための前提条件となります。

さらにそのために、Ｍ＆Ａ仲介会社の内部で、売り手を担当するチームと買い手を担当するチームとが完全にわかれているかどうかもチェックしたほうがいいでしょう。その理由は2点あり、まず日本全国から多くの買い手候補を集めるには手間と時間が掛かるため、専属のスタッフチームがあったほうがよいということが1点です。

もう1点は、売り手チームのスタッフは担当する売り手の利益を最大化することを考えてサポートし、同様に買い手チームは買い手のメリットを考えてサポートできるという点があります。チームがわかれていないからといって、必ずしも売り手・買い手両者の利益を損なうマッチングになるとはいえませんが、わかれていることで、両者にとってより適切で透明性の高いＭ＆Ａプロセスが実施されるようになります。

②アドバイザーのレベル

Ｍ＆Ａ仲介会社としての基盤や体制がよくても、担当してくれるアドバイザーのレベルが低ければスムーズなＭ＆Ａは実現できないでしょう。

アドバイザーのレベルを知るためには、これまでどんな規模・内容の案件にどれだけの件数関わってきたのか、経験値を確認してみるといいでしょう。アドバイザーのレベルには、経験値が絶対的にものをいいます。

というのも、M&Aのプロセス、特に企業概要書の作成やDDにおいては、買い手から見て懸念されるような売り手のリスクや問題点が必ずいくつも顕在化してきます。それは売り手自身がまったく認識していなかったものもあれば、半ば隠されていたものもあります。

そのリスクや問題点が大きければ大きいほど、そして顕在化するのが交渉プロセスのあとになればなるほど、買い手の心証が悪くなり不安が大きくなることから、条件が大きく引き下げられたり、交渉が頓挫してしまったりする恐れが高まります。

その点について、熟練したアドバイザーは、相談段階から「企業概要書」作成に至るM&Aプロセスの初期段階で、売り手が抱えていそうなリスクや問題点の可能性について、過去の経験から一定程度予見することができます。それをリストアップして、即時の解消が可能なものなら、売り手にその事前の解消を求めることができます。

また、即時の解消が難しそうなリスクであれば、買い手に対して「このような論点が生じる可能性があります」と、あらかじめ伝えておくこともできるのです。すると、買い手も、そのようなリスクや問題点がある場合に、どのように対応するかをあらかじめ考えておくことができます。そしてDDなどにおいて実際にその論点が顕在化した場合、「やっぱり出てきたか。ではこのように対応しよう」と、落ちついて前向きに解消する方向で動きやすくなります。

レベルの高いアドバイザーは、そういったリスクの予見やリスクの潰し込みを事前に整理して行うことにより、スムーズなＭ＆Ａを実現させます。

さらに、アドバイザーの人間としての信頼感や相性といった要素も非常に重要になります。Ｍ＆Ａを進めるに際しては、外部には漏らせないような会社の内情も伝えなければなりません。また、多くの創業者にとってＭ＆Ａは初めてのことですから、当然分からないことや不安に感じることも多くあります。第5章で触れたような〝Ｍ＆Ａブルー〟のような心情になることもよくあります。

そのため、アドバイザーが人間として信頼できるかどうか、会社の内情や自分の気持ちを正直に伝えて相談できる人なのかどうかといった点にも注意が必要です。不信を感じるような部分があるアドバイザーの会社は避けるべきでしょう。

③自社の業種・業界での実績

これは、Ｍ&Ａ仲介会社、アドバイザーの両方に共通していえることですが、売り手が属する業種や業界での、Ｍ&Ａ仲介の実績も非常に重要です。

どんな業界でも、その業界特有のビジネス構造やリスク、取引慣行、許認可の実態など、それらを詳しく理解していなければＭ&Ａを進められない、あるいは進めてもトラブルが生じるような「勘所」と呼ぶべき要素があります。

例えば、許認可制の事業においては業界ごとの許認可要件の確認、多店舗展開している飲食チェーンや美容院などでは不動産賃貸会社との契約におけるCOCの問題、病院の譲渡ではそもそも株式会社ではない医療法人の売買における独特なスキームの構築、調剤薬局やプロパンガス業界では業界ごとに独特の株式価値の算定のロジックなど、業種業態によって、スムーズかつ確実にM&Aを進めるための勘所が異なるのです。

売り手が属する業界でのM&A経験がない仲介会社では、業界特有のリスクの洗い出しや勘所に対応できないことが多いため、M&Aプロセスの途中で前提条件がくずれて、取引が破談する可能性も出てきますし、仮に最終契約までこぎ着けたとしても、M&Aの実施後に大きなトラブルが発生することがあります。自社の業種・業界でのM&A経験は、必ず相談段階で確認し、それが少ないM&A仲介会社、アドバイザーに依頼することは、基本的に避けたほうがいいでしょう。

M&A仲介会社に相談をなさる際には、この3点のポイントに注意して判断なさってください。

Ｍ＆Ａ仲介会社選びに失敗しないためのコツ

近年、国内のＭ＆Ａ市場の活性化に伴ってＭ＆Ａ仲介会社が急増しています。そのため、Ｍ＆Ａ仲介会社の内実には、かなりバラツキが生じています。残念ながら、なかには、Ｍ＆Ａ仲介の知識や能力という点から見て、かなり問題のあるアドバイザーが業務に携わっている仲介会社が存在するのも事実です。

昨今、Ｍ＆Ａ仲介会社に関する法的規制が取り沙汰されていますが、業界の現状を鑑みるに、一定の規制を導入することは必要だと私自身も考えています。

そこで最後に、こういうＭ＆Ａ仲介会社には注意したほうがいいという注意ポイントを挙げておきます。

まず、Ｍ＆Ａ仲介会社の中には、契約を取りたいがために、「うちなら、○億円で売れますよ」と理論的に想定される株式評価額とかけ離れた高額の買収価格を提示する会社がありま す。しかし、いくらで買うかを決めるのは買い手ですし、そもそも決算書を提示されたくらいでは、その担当者の提示価格や諸条件は絵に描いた餅以上の意味はありません。そういった高値に釣られて契約を結んだとしても、結局はその価格では売れないことがほとんどなので、適正な価格まで引き下げられた譲渡価格になるか、Ｍ＆Ａが成立しないかのどちらかになることも覚悟しなくてはなりません。

また、司法書士などの有資格者を在籍させていない小規模な仲介会社や、売り手と買い手のサポートチームがわかれていない会社、契約内容やその範囲を明確に説明しない会社、さらには、なんとしてもM&Aを進めさせようとしてくる会社にも気を付ける必要があります。

本書で再三述べてきましたが、会社にとってM&Aはあくまで成長のための戦略の一つに過ぎません。当初は経営者がM&Aを考えていたとしても、客観的に検討すると、ほかの方法を選ぶほうがよいこともありますし、安全で確実なM&Aをすべきだという点も含めて、M&A以外の選択肢を指し示すこともM&A仲介会社の役割です。

M&Aは、創業者がわが子のように大切に育ててきた会社を他社にあずけ、多額の金銭のやり取りをする取引です。そして何より、経営者自身にとってはもちろんのこと、社員やその家族の生活にも大きな影響を与えます。

くれぐれも慎重に、幅広い選択肢の中から信頼できるM&A仲介会社を選び、悔いのないM&Aを実現されることを願っております。

おわりに

世間では、創業経営者がM&Aでイグジットをしたと聞くと、「一緒に働いてきた役員や社員を裏切って、自分だけが利益を得て〝売り逃げ〟するのか」などとして、拒否反応を示す人もいます。あるいは、創業経営者自身がある種の〝後ろめたさ〟を感じる場合もあるようです。

しかしこうした感じ方は、2つの点で誤っていると私は考えます。

まず1点目は、創業者（あるいは株主）と経営者とは、本来的に立場が違う、ということです。創業者としてはイグジットをして株主ではなくなっても、経営者として（代表であるかないかは別として）会社経営に関与し続けるという選択肢は、十分にあり得ます。イグジット＝会社と無関係になる〝売り逃げ〟とは限らないということです。

また、もう1点は、本書で何度も説明してきたように、会社あるいは経営者にとってM&Aは成長のための一手段だという点です。

なんらかの成長の壁にぶつかっている会社が、そのままでは再成長が難しいと感じられるとき、経営者が替わることによって大きく成長できるように変われる可能性があるのなら、それは「会社にとっての」最適解であるはずです。

そして、その際に創業者が株式を売って利益を得ているかどうかは、基本的に会社（役員・社員）の利害とは関係しません。これは当然で、M＆Aイグジットはもともと創業者が保有していた株式を換金するだけであり、もしM＆Aをしなければそのまま株式として創業者の手もとに残るだけだからです。

創業者が株式を売却して同時に経営者が交代した場合と、株主は創業者のままで経営者だけを交代させた場合を比べてみれば、よくわかります。創業者が株式を売却したかしないかにかかわらず、会社にもたらされる効果は同じだということがわかるはずです。

会社（役員・社員）に関係があるのは、これから先、成長できる会社になるのかならないのかという選択肢であり、一般的には成長を続ける会社のほうが社員にとってもメリットがあることはいうまでもありません。

これらの点を、創業者自身が十分理解し、また、丁寧に社員に説明をすればM＆Aイグジットに対していたずらに否定的な感情で捉えることはなくなると思います。

さらに付け加えるなら、事業を一定規模まで成長させることができる優秀な経営者は、まれであり、社会全体にとっての希少価値のあるリソース、つまり一種の社会資本であるとも考えられます。

そのような経営者が、M＆Aイグジットによってまとまった資金を得て、それを元手に新しいビジネスをより大きなスケールで創造し、新産業を盛り上げることは、経営者本人にとってだけではなく、経済社会全体にとっても大きな意義のあることです。スマートフォンで世界を変えたスティーブ・ジョブズ氏や、巨大なスケールで連続起業を成功させているテスラモーターズのイーロン・マスク氏の例などを見ればそれは明らかです。

むしろ、創業者としてＭ＆Ａイグジットをより大きなビジネスを実現するための一つのステップだと捉えて成長戦略型段階的Ｍ＆Ａに挑むアグレッシブな連続起業家が数多く輩出されることは、国全体で既存市場の規模縮小が避けられない日本でこそ求められているのではないでしょうか。

本書の読者の中からそのような方が輩出されることを願い、結びに代えたいと思います。最後まで読んでいただき、ありがとうございました。

２０２１年７月吉日　株式会社ｆｕｎｄｂｏｏｋ代表取締役ＣＥＯ　畑野幸治

畑野幸治（はたの こうじ）

1983年生まれ。東京都出身。

大学在学中よりインターネット広告事業を手掛け、2007年4月に株式会社Micro Solutionsを設立して代表取締役に就任。その後、2011年9月に株式会社BuySell Technologiesが現在運営するネット型リユース事業を創業。2017年8月、株式会社BuySell Technologiesで立ち上げたM&A仲介事業をスピンアウトして株式会社fundbookを設立し、代表取締役CEOに就任。

2017年9月、保有していた株式会社BuySell Technologiesの株式を株式会社ミダスキャピタルへ譲渡。2019年12月11日、JASDAQに上場している株式会社ぱどの株式72.56％を個人でのTOBによって取得。また、同月18日には上記の株式会社BuySell Technologiesが東証マザーズへの上場を果たしている。2020年2月18日、株式会社ぱど（現・株式会社Success Holders）の取締役会長就任。

本書についての
ご意見・ご感想はコチラ

「創業者利益の確保」&「会社の持続的な成長」を両立
成長戦略型 段階的M&A

2021年8月30日　第1刷発行

著　者　　畑野幸治
発行人　　久保田貴幸

発行元　　株式会社 幻冬舎メディアコンサルティング
〒151-0051　東京都渋谷区千駄ヶ谷4-9-7
電話　03-5411-6440（編集）

発売元　　株式会社 幻冬舎
〒151-0051　東京都渋谷区千駄ヶ谷4-9-7
電話　03-5411-6222（営業）

印刷・製本　瞬報社写真印刷株式会社
装　丁　　弓田和則

検印廃止

Printed in Japan
ISBN 978-4-344-93220-3 C0034
幻冬舎メディアコンサルティングＨＰ
http://www.gentosha-mc.com/